高效对话

GAOXIAODUIHUA

何淡宁◎著

煤炭工业出版社
·北 京·

图书在版编目（CIP）数据

高效对话／何淡宁著．--北京：煤炭工业出版社，2018

ISBN 978-7-5020-7098-4

Ⅰ.①高… Ⅱ.①何… Ⅲ.①语言艺术—通俗读物 Ⅳ.①H019-49

中国版本图书馆 CIP 数据核字（2018）第 270024 号

高效对话

著　　者	何淡宁
责任编辑	高红勤
封面设计	陈广领
出版发行	煤炭工业出版社（北京市朝阳区芍药居35号　100029）
电　　话	010-84657898（总编室）　010-84657880（读者服务部）
网　　址	www.cciph.com.cn
印　　刷	三河市三佳印刷装订有限公司
经　　销	全国新华书店
开　　本	880mm×1230mm $^1/_{32}$　印张　6　字数　180千字
版　　次	2019年1月第1版　2019年1月第1次印刷
社内编号	20180996　　　　定价　29.80元

版权所有　违者必究

本书如有缺页、倒页、脱页等质量问题，本社负责调换，电话:010-84657880

前言

语言是交流的桥梁,也是思维的较量。

语言不单是一门学问,更是一门艺术。在生活中,无论是家庭关系还是人际交往,每个人都要进行语言交流。语言有多么重要呢?德国诗人海涅这样说:"言语之力,大到可以从坟墓中唤醒死人,可以把生者活埋,把侏儒变成巨无霸,把巨无霸彻底打垮。"从古至今,人们对语言的研究从未停止过。

在日常生活中,经常有人因为自身过低的语言水平而弄巧成拙,将人与人之间本来就敏感的关系变得尴尬,把本来尴尬的关系变得更加尴尬,而自己身处其中,也是身心疲惫、沮丧不已。

良好的口才,不仅可以使自身在人际关系中挥洒自如、左右逢源,还可以让自己建立信心,磨炼气质,以更完美的形象示人。

当一个人掌握了高超的语言能力与技巧后,那么益处也将是显而易见的,他可以将自身的魅力通过语言进行放大,使得自身可以更快地获得他人的好感与信任,从而充分展示自身的才华,无论是取悦他人还是说服他人,都将事半功倍。

一个人的一生实际上就是由说服与被说服、主动与被动的各种交流方式所构成的。而如何进行更有效地沟通,如何让自己表达的信息能够更好地被他人认可，也是现代人在日常生活中所面临的问题。美国斯坦福大学沟通力与领导力讲座教授彼得·迈尔斯指出："只有自己足够杰出，你的声音才能在一片嘈杂中脱颖而出。"如果你会说话，懂得语言的技巧，能够高效地与他人对话，那么你在工作和生活中的收获将会超出你的想象。

所谓的高效对话，不是溜须拍马，不是专门挑别人爱听的说，而是在充分理解对方心理和意图的前提下，恰当合理地表达自己的看法，从而达到避免误会、高效率沟通的一种对话方式。

提高沟通水平和说话技巧，需要不断地进行训练和积累，并非是一朝一夕就能够达到的。本书模拟了生活中经常遇到的各种场景和情况，通过寒暄、幽默、赞美、拒绝、含蓄、批评、说服和救场等方面介绍了生活和工作中高效沟通的方法，希望读者通过本书能够学会对话的技巧，改变自己在人际交往中的被动局面，从而掌控自己的生活。

作者
2018.12

第一章　你必须知道的讲话技巧 / 1

不仅会说，更要会听 / 2
不疾不徐，要让对方听明白 / 6
交谈中始终体现尊重 / 10
简练朴素的语言更有吸引力 / 13
嗓音优美，让说话成为一门艺术 / 17
求人时态度要谦卑 / 19

第二章　巧妙寒暄，让双方一见如故 / 23

主动一点，才能迅速拉近关系 / 24
称呼对方有技巧 / 26
微笑是最好的见面礼 / 29
热情，搭建沟通的桥梁 / 32
"废话"也有大用处 / 35
不善交际，可以引导对方说 / 38

第三章　人人都爱幽默大师 / 41

自嘲，让人刮目相看 / 42
幽默是缓解气氛的法宝 / 46
玩笑虽好，但要适度 / 49
幽默，最具魅力的沟通艺术 / 52
"不正经"的建议更易被采纳 / 56
用幽默将攻击反弹 / 59

第四章　一句赞美，融化别人的心 / 63

赞美的第一要义是真诚 / 64
会赞美可不是会恭维 / 66
借他人之口，间接赞美 / 71
因人而异，赞美切忌千篇一律 / 74
意外的赞美带来"意外"的收获 / 77
巧用大家的力量帮你赞美 / 80

第五章　懂得拒绝，生活更轻松 / 85

勇敢说不，不委曲求全 / 86
巧移话题，拒绝也不难 / 89
适当拒绝反而赢得尊重 / 93
用替代方案来拒绝 / 96
聪明人善用"拖延法" / 99
抓住对方的"缺陷"来拒绝 / 103

第六章 糖衣下的批评，更容易被接受 / 107

先拿自己开刀，然后再批评别人 / 108
就事论事不对人 / 110
打完巴掌，记得给颗甜枣 / 113
无论何时都不忘记尊重他人 / 116
欲抑先扬，让人更容易接受 / 121
运用技巧让批评变得悦耳 / 124

第七章 委婉含蓄得人心，切忌口无遮拦 / 127

直来直去，并不能为你赢得真心 / 128
借他人之口，会有意外收获 / 130
"曲线"一样能救国 / 134
换个说法，照顾对方的面子 / 138
委婉含蓄，说话不能直肠子 / 140
巧用沉默，沟通更有效 / 142

第八章 晓之以理，轻松说服对方 / 145

步步为营，慢慢让对方进你的"套" / 146
有参与感，对方更易信服 / 150
把话说清楚才能让人信服 / 153
察言观色说服别人 / 156
顺着对方的"面子"说话 / 159
分一杯羹，让说服变得更简单 / 163

第九章　灵活地救场，打破尴尬的氛围 / 167

没话找话，让冷场"热起来" / 168
巧妙转移视线的"流星战术" / 171
涉及隐私的问题巧妙回避 / 175
摆脱争论的旋涡，需要从容和冷静 / 177
忘记对方名字，也能巧解尴尬 / 179
假装没听到，尴尬自然消 / 182

第一章

你必须知道的讲话技巧

不仅会说，更要会听

生活教会我们的除了诉说，还有倾听。很多时候，主动、持续地倾听，并加以总结，就会给对方传递这样的信息——"我非常尊重你""你的看法十分重要"。

俗话说："一对灵敏的耳朵胜过十张能说会道的嘴巴。"能说会道固然重要，然而想要有能言善辩的口才，就不能忽视耳朵的作用。每个人在聊天时都想聊关于自己的话题，这是人类的天性。但是一个优秀的朋友，即使听到对方废话连篇，仍然会专注地倾听。

事实上，不是所有人都是那种特别会说话的人，也不是所有人都像演说家那样，能够轻松调动他人的情绪。但是，有这样一句话，我们需要时刻记住：在这个世界上，从来不缺夸夸其谈的人，缺的是好的倾听者。

陈义和夏天勇是同班同学，比起夏天勇，陈义在很多场合更受欢迎。因为他总能受到邀请，经常有人请他去参加聚会。当然，由于陈义受人欢迎，他还担任了很多社团的重要职务。

有一天晚上，夏天勇碰巧去一个朋友家里参加一个小型的宴会，当他发现陈义和一个非常漂亮的女孩子在一个角落里说话时，非常好奇，就站在远处仔细观察了一段时间。夏天勇发现，那位漂亮的女孩一直在说话，可是陈义好像很少说话，他只是有时笑一笑，或者是点点头，仅此而已。几个小时以后，宴会结束了。

第二天一大早，当夏天勇看见陈义的时候，不禁问道："昨天晚上我在宴会上看见你和一个非常漂亮、迷人的女孩在一起，她好像对你很有好感啊，被你深深吸引了，你到底是怎么做到的？"

陈义回答说："非常简单，当我和她开始说话的时候，我只是对她说：'你长得很漂亮，你的身材很好，你为什么要来参加这个宴会呢？'于是，我们两个人就聊了起来。今天早晨这位漂亮的女孩打电话给我，说她很喜欢我陪她。她说很想再见到我，因为我是最有意思的谈伴。但说实话，我整个晚上也没有怎么说话。"

其实，陈义受到别人欢迎的原因非常简单，就是懂得倾听。爱默生曾说过："所谓的耳聪，也就是倾听的意思。"

米莉普通高校毕业，家境一般，长相也很普通，但是她的人缘却出奇地好。她拥有很多的朋友，而且大部分都视她为毕生的知己。有什么开心的事大家都会与她分享，发生了不愉快大家也都乐于向她倾诉，遇到困难，她总有人伸手相助。

有一次，米莉生病了，其实只是小毛病，但是来看她的人络绎不绝，大家都关切地嘘寒问暖。米莉的一个好友阿雨羡慕不已，问道："哇，米莉，你人缘怎么这么好！大家为什么都喜欢你呢？"

米莉笑了笑，说："我给你讲一件事吧！是关于玲玲的。有一天，玲玲来找我，一坐下便开始哭，我也不知道怎么回事，就倒了一杯热茶，坐到了她的对面。玲玲哭了一会儿，便对我说，她最近被单位的一个小人暗算了，害得她被领导骂了一顿。而且她的男朋友最近也跟她提出了分手，她觉得生活完全没有希望。我什么话也没有说，只是拍拍她的肩。玲玲不停地讲着。把心中的苦闷一股脑儿全倒了出来。说完之后，玲玲长叹了一口气。我问她现在觉得好些了吗？玲玲擦擦眼泪，对我说她在来的路上都觉得快要活不下去了，现在感觉好多了。我握住她的手，告诉她不管发生了什么，我都是她最好的朋友。最后我们一起商量如何避免工作上的失误，如何顺其自然地对待感情。现在你再看玲玲，家庭美满，工作顺心，多幸福啊！"

阿雨看着米莉，说："我明白了，原来倾听竟有这么大的力量！"

与人交谈的时候，你可以倾诉，但是倾听更为关键。倾听是洞悉自然的一种方式，是接收信息的渠道，是净化心灵的艺术，是解除自身疑惑甚至心结的途径。作为谈话的一方，如果你不懂得倾听，那你也无法达到倾诉的目的。所以说，倾听能让你的谈话更顺利地进行下去。

我们有理由相信，当一群人急于聊自己的时候，那个认真倾听、适时说话的人，一定是大家最想交的朋友，因为这个人令人感觉到被尊重、被关心。

你要知道，语言是人与人最直接的交流方式，而倾听则是接收、了解、理解外部信息的全过程，只有善于倾听的人，才能完善自己的语言能力，练就出色的口才。很多时候，一个会说话的人不但要有好的口才，而且在对方谈论的话题无聊至极的时候，仍能做到专注倾听，这样的人才是最能让别人感受到诚意和温暖的人。

许多人总觉得自己很难融入环境，不知道该怎么办。其实，对于这些为说话而苦恼的人来说，他们普遍存在的一个问题就是，急于融入环境，却根本没有放松下来，做一个好的倾听者。另外，沟通不仅要听对方说出来的话，还要倾听对方没有说出来的话，这样对方才会感觉到你是一个值得信赖并可以真诚交流的人。

不过倾听也是有技巧的，下面就列举几个倾听的技巧。

第一，把注意力完全放在对方身上，明白对方说了什么、没说什么，尽可能地消除外在与内在的干扰。

第二，善于倾听的人不会因为想补充一些细枝末节，或想修正对方说的话中一些无关紧要的部分，就随便打断对方说的话。

第三，真正会倾听的人善于从对方的言语中觉察出某些信息，包括对方的兴趣、情绪以及日常习惯，透过这些关键字眼，可以发现对方喜欢的话题，进而聊到对方的心坎里。

第四，用自己的话，简要地重述对方刚刚所讲的话，当然，前提是诉说对方说话的重点，这样势必会让对方觉得自己很重要，会更有讲下去的兴趣。

第五，用心倾听对方说话，可以帮你整理出其中的重点，删除无关紧要的细节,把注意力集中在对方想说的重点和要表达的想法上,并在心中熟记这些重点和想法。

第六,每个人都有自己对某件事情的看法、结论和感受,虽然你和对方的观点可能不一致,但是你仍然要懂得尊重对方的观点,这样才能做到彼此接纳,从而建立融洽的关系。

总之,很多时候,事情成败的决定性因素并不在于你的口才是否优秀,而在于你能否巧妙、合理地与人沟通。在这些方法中,一个最核心的技巧便是主动倾听、善于倾听。唯有这样,在对方眼中,你才是一个值得信赖并可以真诚交流的人。

不疾不徐,要让对方听明白

不知道你有没有遇到过这样的尴尬情况。当几个朋友或几位同事在一起聊天的时候,其中某个话题勾起了大家的回忆,本该是一段很有意思,很能引起大家共鸣的故事。而你却因为内心兴奋,噼里啪啦、语无伦次地讲了起来……

而你还没有讲到高潮的地方,其他人的注意力就已经转移到了别的地方,新的话题已经开始了,只剩下你一个人还在之前的话题之中,但已经没有人在意了。这种时候,你是该继续说刚刚未完的话题,还是该加入到新的话题中呢?

生活中,虽然大家并不讨厌快人快语的人,但绝大多数时候也不太喜欢与快人快语的人共事。

因为讲话语速过快的人，说话就像打机关枪一样，噼里啪啦一串一串地讲了出来，有时连他自己都不知道自己要表达什么，更别说让听的人听懂了。

崔红是一名县医院的护士，工作能力非常强。但是她讲话时有一个毛病，那就是语速过快。很多跟她对接的同事、患者都无法听清楚或者是思维赶不上她的话语。一次，一位年轻的女士要做备孕前的身体常规检查，包括血液、血压、尿液、身高、体重等和一些私密部位的检查。

崔红把她的检查码拿给她，然后就着急忙慌地说："先到三楼化验室抽血，把检查码给值班护士，再到一楼测身高、量体重，然后到三楼尿检……最后到一楼检查白带。"

由于崔红说话语速很快，女人没听清，就让崔红又跟她讲了一遍。

跟第一遍一样，那位女士还没有在脑子里记下这些东西，崔红又讲完了。

"不好意思，你再给我说一下，刚才我还是没记住。"那位女士又问了一遍。

当问到第三遍的时候，崔红火了："拜托，我这里很忙，你不要再问我了，好吗？"

那位年轻的女士听了崔红的话，脸上挂不住，也很气愤地说："我不问你，我问谁！"然后两个人就越说越激动，吵了起来。最后还是护士长过来才解决了这件事。

你看，语速过快的人不仅会让对方产生错误的理解，很可能还会让彼此产生误会和摩擦。

因为，讲话语速快的人，往往还会有这样的特点：讲话声音很大，情绪容易激动。而这几个特点，往往都是恶性循环的。讲话语速越来越快，而且声音越来越大，情绪也越来越激动，然后讲话速度就会变得更快，甚至开始边讲边唾沫横飞……这个时候，别人肯定都不愿意继续听下去了。

同样一句话，由于表述者的语速、语气不同，会得到不同的结果。比如，缓慢平静地问："你为什么还没有把这件事情做好呢？"跟语气快速又急切地问："你为什么还没有把这件事情做好呢？"让听者产生的理解就不同。前者给人的感觉就是一般性的疑问，但后者这样的说话方式就会让听者自动在脑海中补上一个感叹号，有质问的意思，产生不必要的误解。

再一个，语速过快、情绪过激还会让你受到别人的厌恶。想象一下，在一个公共场合，大家都在营造一个轻松愉快的氛围。只有你情绪激动、手舞足蹈地高谈阔论，仿佛这个世界都要听你讲话……这样的你，能不被人嫌弃吗？

"交流"是两个人的事。只有你在讲的同时，对方能根据你讲话的内容正确领悟、采取行动，这样的交流才算有意义。如果只有你滔滔不绝地讲话，没有给对方留出任何思考时间，对方就无法理解你的讲述，那么你们的谈话就是在浪费时间。

特别是一些年龄稍长或者是听觉有障碍的人，他们接受语言信息的能力本来就比平常人慢，思维敏捷度会稍微差一点儿，因此，"慢"点儿跟他们说话，他们才能理解得更透彻，才能让你们的沟通产生实际的意义。

说话语速快、语调夸张的人，往往让别人思维跟不上，从而很难说服对方；相反，那些语速缓慢、沉稳有力，懂得适时停顿的人，让别人能够容易理解他讲的内容，则更容易有说服力。所以，讲话"慢"一点儿才会让彼此的交流既达到目的，又更高效。

一般来讲，说话快，跟讲话者的心理压力有关。讲话者会担心听自己说话的人没有耐心，所以想尽快把自己的意思表达出来。

其实，你完全不必有这样的担心。既然你跟他有必要的交流，那对方肯定会给你足够的时间把事情讲完；如果他对你的讲话有意见，就会提出疑问，你也没有必要觉得不自信而过分紧张。

另外，在日常工作、生活中要积极地进行自我锻炼，养成讲话慢一点儿的习惯。比如，平时有意用比较缓和的方式，心平气和地和家人说话；找一个说话慢的人，与他经常交流、聊天；时间长了就会慢慢养成说话平缓的习惯。这样才能让听你讲话的人更高效地接受你的谈话信息。

交谈中始终体现尊重

生活中，言语上不尊重别人的人随处可见。一些人到餐厅吃饭，习惯性地对着服务员大呼小叫，好像他们天生就是来服侍自己的一样；对达不到自己服务要求，或者碰到跟自己辩解几句的服务员，就会抱怨对方没礼貌，没素质，有时还会恶语相向。

在公交车上，对那些染着黄头发的年轻人大声叫嚷着"黄毛，让一下"。如果遇到不理睬的，就会大声辱骂，严重的甚至会大打出手。

在公众场合，看到某个人长相奇特，就对人家指指点点，或者看到一些打扮前卫的姑娘，就对她们言语轻佻。

其实，日常交流中，尊重他人非常重要。试想，如果别人不尊重你，对你呼来喝去的，你又怎么会愿意搭理他呢？又或者别人对你说出侮辱性的语言，那你肯定会选择跟他绝交。还有一些自欺欺人的人，一边做着他口中所说的"没素质"的事，一边又叫嚷着别人不道德。

人人都是平等的，你语言上表达出什么，你就会获得什么。你对他人表现出尊重和理解，别人就会回报你尊敬和喜爱。如果你总是出口伤人，别人又怎么会尊重你呢？言谈话语里尊重他人，可以让你无论是和朋友、同事，还是和家人、恋人间的谈话都更加和谐。

除此之外，还有一些人，自己爱好什么，或觉得干什么最有价值，就要极力劝说朋友来效仿。自己爱好写作，便劝朋友也写作；自己爱好打篮球，便劝朋友也打篮球；自己经商发了财，便劝朋友也来经商……朋友若不听其劝，不是说朋友胸无大志，就是说朋友太傻。

楠楠是个业余写手。平时在家喜欢给杂志社或者文学网站写一些东西。后来她业余写作的收入也挺不错，后来，她索性就把自己的正当工作给辞掉了。

一次，她去一个远房表婶家里参加婚宴。席间，她的表婶得知她把工作辞掉了，就问她现在在家里做什么。为了表示谦虚，楠楠就半开玩笑地说："没做什么，就是在家里写写画画。"

听完楠楠说的话，她的表婶就开始说教起来了。一边说楠楠太傻，把这么好的工作辞掉了；一边又极力劝说楠楠来自己的保险公司做事。楠楠不好意思直接拒绝，就推辞说自己能力不足做不好保险的工作。她的表婶又极力劝说她："怎么会做不好，做不好也没关系，我可以教你；要不然你在家里闲着干啥？来保险公司上班待遇也非常优厚！"搞得楠楠左右为难，最后只好草草吃了几口饭就借口走掉了，并且发誓，再也不来参加这种宴会了。

事实上，天生万物，各有不同。不要非要求他人与我们一样，不要总想着劝说改变他人。人不但各有其志，而且各有其趣。你认为有价值的东西,别人未必认为有价值,你感兴趣的事,别人也未必感兴趣。

况且情况因人而异,一条路你能走通,别人却并不一定能走得顺畅。每个人有每个人的专长,不能因为自己成功而去教唆别人和自己走一条路。

孔子云,"己所不欲,勿施于人。"优秀的演说家是永远不会把自己的那套意见或者理论强加给任何人的,他只会尊重倾听者。要接受不同,尊重他人与我们的不一样。

所以,当你与别人交流时,要保持彼此互相尊重的心态,讨论但不要争论,不要说出类似"笨蛋""迂腐"等带有侮辱性的词语;不同意,也要学着以宽容的心态去理解他,这才是最明智的说话技巧。

不要谈论别人的短处,也不要传播谣言,不要让这些事占用你宝贵的时间。尊重他人的隐私,不做谣言的传播者,才会让别人更喜欢你。

我们要谨慎对待别人的感情。以取笑别人为目的的玩笑都不要开,哪怕是很不经意的玩笑都有可能伤害到其他人,破坏你的人际关系。

更不要对自己亲密的恋人、朋友,或者是家人说狠话。因为狠话大都没经过大脑,所以说出来特别难听。将"即使天下男人都死光了,我也不会跟他处对象"换成"我还需要更多的时间来考虑一下我们该怎样相处",给对方一个台阶下,也给对方一个尊重自己的机会。

古往今来，懂得尊重他人，是永不过时的金科玉律。从现在开始，开口之前先将"尊重"二字在脑中思考一下，也许喜欢你的朋友就会越来越多。

简练朴素的语言更有吸引力

语言之美是一个人的心灵与素养的直接表现和真实流露。我们不能只是在作文、写稿或准备演讲的时候才想到语言要有艺术性、吸引力，也应努力改善日常说话，提高交流效果。我们在平日里要把话说好，首先要把话说得简洁朴素，这就要从口语净化做起。

首先，戒掉口头禅、克服坏习惯。

说话风格如同烹饪美味，品种多样、各有特色，虽没有统一的模式，但决不能容许多余的、肮脏的东西混杂其中。有些人习惯把"嗯""啊""然后""那么"或者一些粗俗、不堪入耳的口头禅挂在嘴上，这种口头禅既损害了自我形象，又使人心生反感避而远之，还谈什么创新求美的意识和培养自己的口才与交际能力呢？

口语中的"恶性肿瘤"必须根除，而废话和多余的零碎词这一类"良性肿瘤"也是对口才的危害。

某公司有个"问题"经理，每当职员向他反映情况后，他总是十分客气地说:"刚才你反映的问题的确是个问题。在工作中发生这样的问题,不能不算是个严重问题。看来,关于这方面的问题,需要开个会议,把这些问题认真讨论。如果这类问题不引起重视,那么接下来的问题就会更多。总之,我很重视你反映的问题,你还有什么问题吗?"

这位经理的"问题"这么多,谁还敢找他谈问题呢?很多人在说话时,还会有类似"是不是""对不对"这样的口头禅,在说每句话时,都会加上这种口头禅,刚听起来像是征求听者的意见,但重复次数多了,就会让人生厌。

从听者的心理反应来看,过多地使用口头禅、零碎词必然会使听众厌烦,影响接受效果的同时还会损害表达者的自我形象。另外,不必要的客套话也是使人厌烦的陈词滥调,最好少说或不说。一个人说话只有做到通顺、文雅、干净、利索,才能在这个基础上增添光彩和情趣,让人感受到语言的魅力。

其次,积累要丰富,表达要简朴。

在语言的魅力中,最重要的一个因素就是做到准确简洁。如果你头脑中积累的词语贫乏,而且只会重复,那么在交谈中,多半会语塞,说不出几句像样的话,甚至表示好意也会叫人反感。

比如,在一次画展上,一个年轻人感慨道:"这个老家伙,还真有两下子!"这话分明是称赞之意,但是别人听了却感到别扭。如此说话,除了气质粗俗外,也是词汇贫乏、有口无才的体现。所以,说话要准确简洁,首先要掌握丰富多彩的词汇,只有词汇丰富了,才能运用灵活多变的句式,准确生动地传情达意,或是言之凿凿地斥责，或是有声有色地赞扬。

美国前总统里根在1986年洛杉矶奥运会上致辞，仅用了16个英文单词，译成中文是："我宣布，进入现代化时代的第二十三届奥运会，在洛杉矶正式开幕！"短短一句话，将时代特点、运动会的名称、性质、届次和举行地点，全都一清二楚地讲了出来。面对急于要观看奥运会盛况的观众，这一精辟简洁的语言产生了极好的效果。

我们要把自己心里想说的话，用最简明的词语表达出来，必须事先经过深思熟虑，要对自己所表达的思想内容理出头绪、抓住要点、明确中心。语言的不明晰是思想不清晰的反映，只有思想清晰明确，才能做到语言的清晰和简洁。另外，在思考透彻之后，还要注意词语的选择搭配，力求准确精炼，甚至要做到一字不多、一字不少，让人一听就懂，这就是语言上千锤百炼的功夫。

古希腊哲学家苏格拉底对他的得意门生柏拉图说过，人类传播的最高表现是："思考透彻，用字明确。"这个道理适用于任何形式的传播活动，无论口头传播还是书面传播都是如此。

最后，生动形象才有感染力。

一位教师在回答"你为什么去教书"这个问题的时候说道："我选择教书，当然不是因为这个职业对我来说很简单、很轻松，恰恰相反，教书是我能用以谋生的各种职业中最困难的一种。对我来说，教书就意味着熬红眼睛、汗湿手掌和胃部下垂。因为不管熬夜到几点，我总觉得没有准备好，而且每次走进教室前，我总感到紧张，生怕在课堂上会被学生们认为我是一个傻瓜。至于胃下垂，是因为我在下班后总要迟一个小时才走……"

在这段朴素的语言中，流露出了真情，其中讲到教书的艰苦，说得多么具体、生动、真切、形象。这样的话很容易使人感动。

可见，形象化的语言可以给人造成逼真的具体视象，从而感染和打动人心，还可以直接作用于人的各种感觉，使人如临其境、如闻其声、如嗅其味、如触其物。那么怎样才算生动形象呢？其基本特征和要求有三条：

第一，把抽象的东西变为具体的。用形象化的语言把抽象的概念、深奥的理论变得具体可感，浅显易懂。

第二，把静止的事物变成活动的。为了能深入浅出地说明问题，揭示真理，善说会写的人经常借助"打比方"之类的手法生动形象地叙事说理。它能把许多复杂的事理表现得活灵活现，使人容易接受并得到启示。

第三，把内在性质的东西变成外观可见、容易感知的，也就是通过话语描绘模仿事物的情状特征，使人具体可感，产生直观的身临其境的效果。

做到语言生动、形象的方法有许多，但最重要的是要有这样的意识和习惯。我们运用比喻、比拟、夸张、指代、排比、对偶、双关、设问、反语、谐音等一系列修辞手法，还可以运用歇后语、俏皮话和巧妙的俗话，这些语言形式，既富有口语的特点,又能一针见血、生动形象地说明问题,就像语言中的"油盐酱醋",说起来很有"味道"。

嗓音优美,让说话成为一门艺术

气流通过喉头变成了声音,产生了声调,共鸣体使它获得了音质。不同的音质也就是不同的嗓音,嗓音好比人的第二张脸,是一个人区别于另一个人的重要特质。

多年不见的老同学,模样可能记不清了,也许变化太大已认不出来,但一听声音很快就会回忆起来。在非洲某个地区,由于近亲繁殖,人的模样都长得差不多,区别他们的很重要的一个方法就是说话的声音。嗓音与指纹一样有非常鲜明的个性特点,侦察部门利用嗓音破案有时比指纹鉴定还准确。

嗓音有着非常明显的性别差异。据科学检测表明,男性的声带每秒钟约振动120次,女性则比男性高一倍以上,这是因为两性的喉头和声带共振器构造不同,而说话者的情绪,或兴奋或恐惧都有间接的影响。

嗓音也是衡量一个人素质的重要标志。善于运用抑扬顿挫说话艺术的人,显得精力充沛、善于交际、意志坚定且乐观向上,更富有吸引力。悦耳的嗓音就像音乐,可以给人带来愉快的情绪。人们对这种愉快情绪的记忆比其他类型的记忆要长得多,也许已经忘记你的长相,也许对你讲话的内容已记不起来了,但悦耳的声音却使人不易忘记,这就是嗓音的魅力。

嗓音作为身体各器官协调配合的产物,其优劣也反映出身体各器官的健康状况。例如,情绪可改变呼吸的节律,恐惧或紧张会使喉咙麻木,导致共振器变窄,声带紧绷,嗓音嘶哑。在恐惧的状态下说话,声调往往被提得很高;在良好的心境中,声调自然变得浑厚丰满。

月下老人常常让恋人为对方的面容一见钟情,也常常让独特的嗓音拨动大脑中那根神秘的弦。难怪不同的歌星有各自的歌迷,歌迷们对不同的演唱风格痴迷如醉。

嗓音是你的第二张脸,要爱护这张"脸",就要保持声音的朝气和活力,使声音更有感染力。这就要注意发声的动力系统不要松懈,不管多么疲劳,都要使呼吸得到有力的控制,使动力系统保证随时随地发出你所需要的声音;如果动力系统松松垮垮,那么声音就像穿了一双松垮的尼龙袜子,一样会影响你的形象。

这里没说声音比面孔还重要,我们强调的只是嗓音是你的第二张脸。但可不要小看这第二张脸孔。如果西施再世,一如传说中的闭月羞花,只可惜嗓音尖利、沙哑、含混不清、干瘪单调,时而模仿女巫怪叫,时而如同利器划过玻璃,恐怕追求者会少很多。当然这个例子有点极端,你不会那么不幸地嗓音如此恐怖,不过也不一定那么幸运地面容俊美。所以对于我们来说,调动自己所有的资源来美化自己的形象就极其重要了。

可惜的是，不少人拥有很好的嗓音，却不懂得好好保护，甚至不懂得如何去利用；还有人则是声音缺点丛生，却没有意识到或者意识到了却不曾努力去改善。几乎每个人生来就懂得如何对自己的面孔扬长避短：眉毛太稀需要抹得黑一点，鼻子笔挺就尽量少戴眼镜，鹅卵形的脸蛋就需要常常配上柔和的微笑，痘痘一定要竭力消除……但是几乎没有人生来就懂得如何美化自己的声音，甚至不知道需要美化自己的声音。现在，知道了声音的重要性，各位，开始行动吧，为自己的声音美容！嗓音是你的第二张脸，永葆嗓音的青春活力比用化妆品粉饰自己更重要。

求人时态度要谦卑

每个人无论在生活还是工作中，都难免会遇到难处。即使你拥有上亿财产，也未必能买到你真正想要或者需要的东西。中国人都很重感情，你帮了别人，别人就会记在心上，当你有困难时，自然会伸出援手。互帮互助，你的人生道路才会更宽广，"雪中送炭"的友情往往比任何时候的情谊都更加难能可贵。

但是，有许多人争强好胜，又非常好面子，在向别人寻求帮助时，一听到对方的话语有一点儿不合自己心意，就马上"火冒三丈"，又怎么能够获得别人的帮助呢？

王强跟马顺是从小玩到大的朋友。王强为人善良，又聪慧机敏，但就是有点儿嘴不饶人。马顺五大三粗，为人仗义，但是性子比较暴躁。

在马顺的结婚典礼上，王强因为一件小事惹恼了马顺，马顺就借着酒劲发誓说以后跟王强断绝来往。

然而，在接下来的几年里，由于王强头脑聪慧机敏，使得他的小商品批发生意越做越大，身价过百万；而马顺由于做事情总是一根筋，不懂得变通，因此只能靠给别人出些苦力挣钱，日子过得很是清贫。并且祸不单行，马顺的母亲由于上了年纪，前两天又不幸得了脑梗塞，急需一大笔钱做医药费。经不住自己老婆的唠叨，马顺决定去找自己儿时的玩伴王强借点钱救救急。

马顺来到王强的办公室，一见面就大大咧咧地嚷道："强哥现在真是发达了，也让我来沾沾你的'仙气'。"

王强一见到马顺就想起了当年他羞辱自己，就想难为他一下，顺便让他知道他的处事方法是错误的。因此，王强就故意高声回应道："我哪能比得上咱马顺老弟为人仗义，我就是个爱投机取巧的'俗物'。"

马顺见王强这样说，就知道他是想报自己当年说他是个"奸商"的仇，更为当年自己说出那句"老死不相往来"，现在却又跑来找他的行为而得意。因此马顺就恼羞成怒地说："别以为你混得好了，我就要厚着脸皮巴结你。你有什么了不起的，不就是有几个臭钱吗？我不稀罕！"说完愤愤地离去，留下一脸茫然的王强杵在原地。

过了几天，马顺陪媳妇去菜市场买菜，路上碰到了王强的媳妇。王强媳妇对马顺说："大顺兄弟，不是我说你，那天来借钱你就不该跟老王急。虽然他这几年混得不错，可他也是无时无刻不记挂着你。听说你妈妈生病了，他心里也是非常着急，但就是跟你抹不开面子。你打小跟他一起长大，还不知道他好面子。你也是，求他办事还装什么大英雄，主动给他个台阶下，不仅能借到钱，你们俩的关系也会跟以前一样亲密！这下可好，你们俩人又结下梁子了……"

听了王强媳妇的话，马顺媳妇也跟着一起数落马顺，马顺此时心里后悔极了。

日常交往，最忌讳的就是为了面子而发怒。发怒非但不能解决自己的问题，还会得罪能够帮助你的人。特别是一些人在求人办事的时候，总是很自卑，爱多想，也许别人只是一句简单的话，也能被他曲解成对自己人格的侮辱，因此就会因控制不住自己的情绪而发怒。

俗话说："人在屋檐下，不得不低头。"你在求人办事时还拉不下脸面，放不下架子，是很难如愿的。当你求人帮助，遭到对方的刁难时，不妨先按捺住自己的火气，以谦卑的态度诉说自己的困境。只有用热忱的态度表明自己真的非常需要对方的帮助，如果能够得到他的帮助，自己将会非常感激，这样才有可能让自己的问题得以解决。

罗亮是一个刚毕业的大学生。由于经济不景气，找了几份工作都不满意。后来，罗亮决定自主创业。

但是创业的资金要从哪里来呢？罗亮想到了私人贷款。因此罗亮找到了一家利息相对比较低、信誉比较好的信贷公司，跟那里主管放贷的经理打电话约见，人家不跟他见面，他就跑到那里的营业大厅跟前厅的小姑娘聊天，说好话。最后，小姑娘把经理周末要去石家庄游玩的计划告诉了罗亮。罗亮于是就马不停蹄地订票，并想办法和那位经理分在了相同的旅游团里面。

在游玩的时候，罗亮时不时地对其嘘寒问暖，并且经理长经理短地向那位放贷经理说尽好话。最终那位经理被罗亮谦卑的态度和锲而不舍的精神所感动，没有让他进行任何抵押，就贷给了他一笔10万元的款项。

靠着这笔钱，罗亮顺利开起了一家餐饮店，挣到了人生的第一桶金。

因此，如果你想要得到别人的帮助，一定要试着将自己的态度放到最低，谦卑但不自卑的语言是你维护良好人际关系的第一讲话原则。只有用这种独特的语言魅力才能让别人对你刮目相看，从而迈出你成功的第一步。

第二章

巧妙寒暄,让双方一见如故

主动一点，才能迅速拉近关系

机会是留给主动争取的人的，如果你总是止步不前，总是等他人来给你示好，那你积累的人脉数量就会极为有限。反之，如果你总能主动出击，总是笑脸相迎，那你身边的朋友将会越来越多，你前方的道路就会更顺一点儿。

李桂刚是公司最近招聘来的部门经理，他不仅善于管理，而且对于本部门的业务也是非常娴熟，可以说是一位很有头脑的领导人物。李桂刚本以为来到此公司可以大展拳脚好好干一番事业，可是刚开始就遇到了不小的阻力。因为之前的部门经理非常深入人心，多年来他与员工及手下的主管们关系也特别融洽，他所制订的一系列管理方法大家都已熟悉，初来乍到的李桂刚在此老吃闭门羹。对于李桂刚下达的管理改革方案，他们不但没有热心配合，反而远远地躲开他，不愿亲近。看到这种情形，李桂刚并不气馁，他懂得笼络人心，且信心十足，他觉得只要自己努力一点儿、主动一点儿，一定能够和他们打成一片。

第一步，李桂刚觉得自己应该先"拿下"大家信服的主管陈哥。陈哥是一名老员工，一直在原先经理的手下工作，他对待事情很认真，也比较体恤员工，深得大家喜爱。于是，下班之后，李桂刚就带着礼物来到陈哥家，李桂刚非常善谈，因此很快就和陈哥的家人聊在了一起，他和大家谈天说地，拉家常。一个月后，他和陈哥的关系慢慢熟络起来，并开始"礼尚往来"，陈哥经常到李桂刚家里喝茶，其间会报告一些公司员工的情况或是想法，并且将自己在工作中遇到的一些事也做一番汇报，时间久了，李桂刚对公司里的员工们就有了一些大致的了解。

上班时，李桂刚会四下走动，和一些员工"亲近"。看到小组组长晓晓，就上前说："晓晓，我看到你的男朋友经常在咱们公司门口等你，这个年轻人看着挺不错的啊！今天他来吗？"

看到工程师林师傅，上前又说："林哥啊，听说你闺女功课超棒，小丫头的脑袋瓜一定跟你一样聪明。"

在食堂和大伙儿一起用餐时，李桂刚一边吃一边将陈哥的一些无所谓的小缺点都讲了出来，逗得大家一阵大笑，而和李桂刚早已配合默契的陈哥在一旁只是傻笑。

没有多久，李桂刚便和公司上上下下打成一片，他的管理改革政策也获得了普遍的支持。在李桂刚的带领下，大家都非常用心地工作。

生活中，我们要懂得主动与人打招呼。有些人不是清高，而是没有主动与人打招呼的习惯，结果很多必要的、重要的关系就自动放弃了。主动与人打招呼，会使别人改变对你的看法和印象，觉得你是一个随和、开朗、心胸宽广的人，这有利于你良好人际关系的形成。当你因为某种担心而不敢主动同别人交往时，最好去实践一下，用事实去证明你的担心是多余的。不断地尝试，会积累你成功的经验，增强你的自信心，让你在工作场合的人际关系越来越好。

对于主动结交朋友这一点，我们可以从以下几点入手学习：

第一，对他人，请先多一些了解。

如果你想多结交些朋友，你就需要主动地了解对方的兴趣爱好。你可以通过多种方式去得到他们的信息。你要注意与其相处时积累一些有关的情况，你可以通过他们的朋友了解其为人处世，你也可以通过他们的一些个人材料了解他们。

第二，摆正观念，做一个主动的人。

"他应该主动拜访我""他应该先开口和我说话""他应该……"在很多人心里，有这种想法。但我们应该明白，这不是待人接物、求人办事应有的正确态度。如果你一直执着于由对方主动给予的原则，你将交不到朋友，你的影响力也会受到局限。

第三，学会和不同性格的人打交道。

每个人都有各自的性格特点，在人与人交往中，如果我们要结交更多的朋友，就要与不同性格的人交往。"横看成岭侧成峰，远近高低各不同"，对于一个性格不同的人，我们要从不同的角度去看，这样我们看待问题就会比较客观，不会以主观的判断去盲目地衡量别人。

称呼对方有技巧

无论是同事、朋友还是恋人、夫妻，一见面就要称呼对方。恰当的称谓可以迅速提升你的魅力，让交际顺利进行，也能让你更受欢迎；不恰当的称谓可能会让别人感到不快，你也许会被大家冤枉地扣上"轻浮"的帽子，阻碍你以后的发展。

恰当的称谓，就是让别人从你对他的称呼中感到对他的尊重，以及对他职业、地位等的钦佩和赞美。这样，他就会有一种满足感和自我优越感。当然，你就更能受到他的欢迎了。所谓"好人缘"，一般都是从这里开始的。

一般来讲，对有头衔的人就称呼他的头衔，这样会显示出你对他取得的成就的一种莫大尊重。直呼其名一般是在关系比较好的人之间，如果你与有头衔的人关系非常密切，私底下直呼其名反而更显得亲切、舒服。但如果是在公众场合，你称呼他的头衔更为恰当。不过，对于学位，除了博士可以作为称谓使用以外，其他的学位就不能作为称谓来使用。

恰当地称呼别人是一件非常繁琐而又讲究的事情。为什么这样说呢？因为在称呼别人之前你要根据对方的年龄、职业、身份，以及你与对方的亲疏关系和谈话场合等一系列因素，做出综合分析之后才能选择出一个恰当的称呼。如果你不注意这些，或者习惯"以偏概全"地看待他人，导致称呼不得体，就会引起对方的不快或者是恼怒，使交流的双方陷入尴尬的境地。

刘女士今年还不到26岁，但是由于她结婚早，平时需要照顾女儿，上班又忙，也不注意保养，所以，看上去要比实际年龄更大一点儿。一次，她去平时逛街的商店买一条裙子。新来的售货员是一个小姑娘，很热情地跑来接待她说："美女，你想买什么，我来帮你推荐一下。"

但使小姑娘纳闷的是，刘女士听了不但没有搭理她，反而生气地瞪了她一眼就离开了。这种奇怪的举动让小姑娘很纳闷,她不明白是怎么回事。后来,店长悄悄地跟她讲:"下次你直接喊她刘女士就行了。"

原来,这位刘女士经常来这家店买衣服。她也知道自己长得显老,不愿意让别人把自己称呼得过小,因为这样她会感觉别人是在挖苦她。店长跟一些老员工都知道这个情况,但这个小姑娘是新来的,所以她不知道。

过了几天,刘女士又来逛这家店。那个小姑娘热情地招呼她:"刘女士,您来了,请随便看看!"这下刘女士高兴地随着小姑娘在店里挑选衣服,最后满意地买了条裙子回去了。

因此,交际中一定要注意到很多细节,恰当地使用称谓。既要尊重对方,也不能过于呆板,既要显得亲切,也不能太过轻浮。千万不要使用对方难以接受,或者是轻视对方的称呼。否则,不但会引起别人反感,还可能会招来记恨。一个会说话的人,在对别人的称呼上是一定不会马虎的。总结起来应该注意以下几个方面。

初次见面称呼对方,浮现在脑海中的第一个念头就是"对方多大"。一般来讲,别人的年龄要少说几岁,别人的东西要往贵了说。你说她年龄小,就是从侧面说她年轻、漂亮,对方心里肯定高兴。如今的许多老人也都有一种不服老的心理,尤其是女性,所以,能喊"阿姨"的就不要叫"奶奶";能喊"姐姐"的就不要叫"阿姨"。

生活中面对跟你关系比较亲密的朋友、同事等,一开口,直呼其名既简洁又显得亲密无间。但如果是多年未见的朋友或者是老同学，称呼"女士"或者"先生"，就会过于生硬。

此外，在公众场合，更要注意亲疏远近和主次关系。一般都是先疏后亲、先长后幼、先上后下、先女后男。

不同职业的人，我们一般都有一些约定俗成的称谓。比如，对医生称呼为"大夫"；对农民称呼为"大爷""大娘""老乡"；对教师称呼为"老师"。所以，在称呼他人时，还要考虑对方的工作或职业。

我们国家有许多的称呼都具有地域性。如天津，不管对方女性年龄有多大，一般都带着浓重的口音称对方为"姐姐"。再如，北京人爱称别人"师傅"，但南方人口中的"师傅"就是出家人的意思。所以，称呼时要注意入乡随俗，并了解这些称呼的地域性，避免产生误解。

在公众场合或者是正式场合，像"哥们儿""姐们儿"等这一类的称呼，会显得庸俗低级，都不宜使用。再如，逢人便称老板，也会显得不伦不类，让人很反感。

微笑是最好的见面礼

你喜欢面对一个冷冰冰的人还是一个脸上时刻挂满真诚微笑的人？相信大家心里都非常明白，微笑给人们带来的力量的确非常大。培根有句名言："含蓄的微笑往往比口若悬河更可贵。"在人与人相处中，大家都有着一种共同的期待：希望看到笑脸。对那些个性孤僻、表情冷漠的人，则总是避而远之。朋友们，一抹微笑，胜似滔滔不绝，微笑就是一张名片，让人看到你最真诚与美好的一面，大多数人都不好意思拒绝一个笑脸相迎的人。

"您好，欢迎光临××化妆品专柜，请问您有什么需要吗？"顾客小李刚走进商场的化妆品区就听到了一声温暖而甜美的问候，出现在小李面前的是一张洋溢着微笑的脸，那张脸上的笑容没有任何生硬和做作，清新自然、甜美温柔，令小李的心情立即舒畅起来。这位姑娘是谁呢？她就是很多顾客的"老朋友"，金牌导购琪琪。只要去过琪琪店里买化妆品的人都知道，琪琪是一位非常开朗阳光的女孩，她待人亲切，为人和气，尤其是她那一脸真诚的微笑为她增加了不少分值。为了练出这样的笑容，琪琪可是付出了很多努力，因为她想为顾客留下好的印象，让顾客感受到她的真诚，从而更好地宣传自己的品牌，不断招揽顾客。琪琪不仅全面学习了导购的微笑技巧，而且每天都抓住适当的时机练习。琪琪觉得，导购接近顾客的最有效的秘诀就是脸上带着真诚、自然的微笑。

曾经有许多做化妆品生意的同行就发出了这样的疑问："琪琪啊，你真的好喜欢笑啊，一整天这样微笑着接待一批批客户，忙一天，我想笑都累得笑不出来了，难道你整天没有一点儿烦恼吗？"听到这些，琪琪说："世界上谁没有烦恼？关键是不要也不应该被烦恼支配。到公司上班，我把烦恼留在家里；回到家里，我就把烦恼留在公司。这样，我就总能让自己保持轻松、愉快的心情。"

琪琪认为，作为一名导购，你做的不仅仅是卖东西，你更需要卖的是一份信任与支持，顾客就是上帝，如果你不能尽力与之亲近，那你就很容易关门大吉，没有好的人际关系就不会有好的生意。而获取好的人际关系最简单的方法就是微笑面对每一个人。

微笑是一种令人愉快的表情，它在人际交往中有很重要的作用。微笑可以在瞬间缩短人与人之间的心理距离。生活中，没有什么东西比一个灿烂的微笑更能提升你的个人魅力，更能打动人心的了。但是微笑待人不是说除了微笑你什么都不做，试想，如果一个导购只会一味地微笑，而对顾客心中有什么想法、有什么需求一概不知、一概不问，那么这种微笑又有什么意义呢？因此，微笑服务，最重要的是在感情上把顾客当亲人、当朋友，成为顾客的知心人。正是这种真诚的微笑服务，让琪琪赢得了顾客的好感和信赖，成了一名金牌导购。

俗话说得好："眼前一笑皆知己，举座全无碍目人。"微笑是我们这个星球的通用语言，不论走到哪里，都要带着微笑。微笑是一种真诚的表白，是一种发自内心的热情。行为胜于言语，对人微笑就表明你愿意接受这个人，此时的微笑的确是无声胜有声。

微笑给人的感觉是温暖、亲切，它能无形中让人们之间的距离慢慢拉近，让对方从你脸上看到美好与真诚，感觉和你的谈话是融洽的、和谐的。用你的微笑去化解人与人之间的坚冰，去面对一切，那么任何阻碍都会在你的微笑前低头。多用一点儿微笑来面对生活吧，相信生活回报给你的将会是更多美好！

微笑的作用还有以下两点：

第一，微笑是显示自己修养的重要途径。

保持真诚自然的微笑是显示自己修养的重要途径。在经济学家眼里，微笑是一笔巨大的财富；在心理学家眼里，微笑是最能说服人的心理武器；在职场中，微笑是社会交际最正宗的脸谱。在生活和工作中，一定要学会微笑，不但要笑得自然，还要甜美、亲切。

第二，微笑帮你以柔克刚摆脱窘境。

在生活中，我们所遇到的人有爱发脾气者，有刻薄挑剔者，也有出言不逊者，对付这些人，含蓄的微笑往往比口若悬河更可贵。面对别人的胡搅蛮缠，只要你微笑冷静，就能稳控局面，用微笑缓解对方的刺激与攻势，从而以静制动，以柔克刚，摆脱窘境。

需要注意的是，微笑一定要发自内心深处。微笑是一种愉快心情的反映，也是一种礼貌和涵养的表现。这种微笑不用靠行政命令强迫，而是一个有修养、有礼貌的人自觉自愿展现出来的。唯有这种笑，才是对方需要的笑，也是最美的笑。如果你的笑掺着做作与虚伪，那你一定得不到他人的喜爱。

热情，搭建沟通的桥梁

在生活中，我们可以看到那些说话高手们都有一个特点，那就是在他们脸上每时每刻都有一张迷人的笑脸，对任何人都热情相待，用行动"拉拢"周围所有人，他们在自己的关系网中自由地穿梭，不断地结识新朋友，扩大自己的关系网，而这也正是我们应该学习的。

岑阳在某家公司做动画设计的工作，是一个踏实能干的设计师。一天，总经理把一个年纪轻轻的女生带到公司里，向大家介绍说这是新来的秘书乔乔，请大家以后多帮助多关照。乔乔看起来年龄很小，站在办公室门口，一副胆怯的样子。岑阳主动地给她端茶倒水，还热心地带她熟悉了一下办公室的环境。

乔乔是来给总经理做秘书的，应该负责公司的接待和日常工作。但是，乔乔看上去什么都不会，她压根儿就不懂自己要做什么。对于现代化办公设备的使用，乔乔不懂；对于跟客户交涉的问题，乔乔不懂；对于对外联系的问题，乔乔不懂；对于处理同事间的业务需求，乔乔不懂……乔乔总是在焦虑地找寻感觉，可是还是不知道如何是好，毕竟她以前从未接触过这类工作，一时茫然也是正常的。就这样，乔乔一会儿跑出去接电话，一会儿又呆呆地坐在办公室，不知道自己应该做什么。

岑阳明白，乔乔是还没有进入工作状态，于是便主动帮助她熟悉业务。岑阳给乔乔介绍了公司的其他几位同事，然后告诉她公司的主要客户有哪些人、客户一般会咨询哪些问题、要怎样回答他们。此外，岑阳还向乔乔挨个介绍公司设备的使用方法，比如打印材料、复印文件、使用传真机等。对于订餐、订票等问题，岑阳也给乔乔进行了详细的讲解。

有了岑阳的引导和细心解说，乔乔渐渐进入了工作状态，对业务也慢慢熟悉起来了。当岑阳忙不过来的时候，乔乔还能帮她打印图纸、核对图纸上的数据，很有几分"学成出师"的意思，两个人相处得很融洽，配合得也很默契。总经理看到乔乔进步这么快，心里非常高兴。

时间过得真快，转眼乔乔已经来到公司半年了，她已经完全适应公司的一切了。年底将至，大家都要马上回家过年了。为了表示对岑阳的感谢，乔乔极力邀请岑阳去她家做客。鉴于乔乔的一片热心，岑阳就答应了。但是想不到的是，乔乔带岑阳来到了总经理的家。

直到此刻，岑阳才知道，原来乔乔是总经理的外甥女，刚刚高中毕业就到公司上班。总经理本来很担心乔乔的文化底子不能胜任公司的工作，没想到在岑阳的帮助下，她进步很快，工作完成得也很好。在饭桌上，总经理再三向岑阳表示谢意。

从此以后，岑阳得到了总经理更多的赏识与照顾，成为了总经理眼中的红人，她的努力与热情得到了总经理的高度评价。随着公司规模的扩大，岑阳的职位越来越高，薪水当然也越来越多。一年之后，公司搬到了更大的办公大楼里，岑阳顺理成章地成了设计部的首席设计师。

如果没有热情帮助乔乔，岑阳就不会有这段友情，也就不会那么快得到领导的赏识，热情的力量不可忽视，这是一份爱，也是一股源源不断的能量。

细想我们周围有热情的人，就能明白热情的吸引力及感染力有多大。热情具有强大的吸引力，人们一旦受热情的感染，便觉得你真诚、乐观向上。热情会让人心情美好快乐。因此，热情将使你变得更吸引人也更能感染人，给他人留下美好的印象。

在单位里要主动与同事打招呼，不要只是点点头，有事没事与他人攀谈几句闲话，参与大家的闲聊，打破自己沉默的形象；主动帮助别人，不要只等到别人求助才伸出援助之手……这些行为都可以给别人留下热情的印象，加上其他优点，一定会给你带来更和谐的人际关系。

不管你年龄有多大，都要用充满好奇的童心看待整个世界，要随时保持热切期待的心态。孩子们总是抱着渴望、好奇的态度，觉得这个世界充满了惊奇和未知。每一天对他们来说都是探险，所以，他们总是全身心地、热忱地投入每一天。这种态度值得每个成年人学习。

"废话"也有大用处

日常生活中有句堪称经典的"废话"——今天天气真好！包括国家元首在内，都会说这句经典的"废话"。每个人活在这个世界上，都知道今天天气好不好，可是，为什么非要说这句话呢？其实，说这句话的目的就是要引申出其他更多的内容。

所以后面就有了这样一番对答："嗯，今天天气真的很好！""想不想去哪里玩？""想过！本来准备去郊游。""可为什么没去呢？""没钱啦！""这个月没发工资啊？""发了，用完了！""这么快就用完啦？你都用到哪儿去了啊？""买衣服、护肤品……"

看，一句废话引出多少正经话。废话，就是没有目的的语言，因为没有目的，所以更能让人亲近，让人信任。

孟小姐刚工作没多久，便得知后勤部主管陈姐是公司里人缘最好的人。于是孟小姐就特别注意她。陈姐的外貌并不出众，然而很奇怪，每天中午在员工餐厅吃饭时，总有人端着餐盘往她身边凑，无论男女都乐意跟她一起共进午餐。

孟小姐觉得很奇怪，就问同事："为什么大家都喜欢陈姐？"同事想了想说："嗯，是啊，为什么呢？我也不是很清楚，可能是因为陈姐是个'废话匣子'吧。嗨，管她呢，反正陈姐这人很好的。"

孟小姐听了就糊涂了，这是什么理由？因为废话，所以喜欢她？

孟小姐的好奇心强，为了揭开这个谜底，她也主动成了陈姐的"粉丝"。慢慢地跟陈姐熟悉了之后，她发现陈姐的"废话"还真能"服人"。

有天早上，孟小姐早到了，就在中庭的绿化带散步，远远地，就看见陈姐冲她招手："小美女，一大早就在这儿吐纳，你可真会保养！"

孟小姐客气地跟她说自己了解一点点中医，陈姐马上从中医说到韩医，又说起了中医与韩医的区别……时间就在她的"废话"中一眨眼便过去了。

孟小姐说得少听得多，但是心里的确放松了很多。听着陈姐说的那些"废话"，似乎颇有点宁神静气的效果。于是，孟小姐跟陈姐成了好朋友，而且她越来越愿意听陈姐絮絮叨叨地说个不停。

有一次，她们一起吃饭，孟小姐才知道这个性格外向的陈姐竟然是爱尔兰某国立大学的毕业生。但是陈姐笑称，在爱尔兰留学那几年，最大的收获不是学位，而是学会了做个"废话小姐"。在爱尔兰，等巴士的时候，若不跟身边的人说上几句"废话"，那是很失礼的行为；在戏院排队买票，若不跟身边一起排队的人扯上几句，也很不礼貌……

回国后，陈姐找工作非常顺利。面试的时候，别人都是正襟危坐地介绍自己的学历、能力、近期规划、远期规划之类的。她却不是这样，还没有坐下来，就开始说废话了："我觉得贵公司洗手间里的洗手液水掺多了。当然公用洗手液掺水是符合节省开支理念的做法，但是据我了解，3∶7的比例是最合适的，水的比例再高，就会造成一次挤压出来的洗手液达不到清洁效果而必须二次挤压，这样一来，反而造成浪费……"

陈姐应聘的职位是行政助理，而这一通"废话"，却让老总对她刮目相看，因此把她留下来担任后勤部执行主管。

对于废话，人们的印象似乎不太好，但是看完陈姐的故事，你的观点是否改变了呢？其实，"废话"并不是我们想象中那般无用，虽然"废话"的意思并不明确，可废话在人际交往中却不可或缺。它既可以沟通思想，拉近彼此的距离，又可以促进感情交流，摸清对方的喜好、性格特征和对自己观点的支持与认同感。所以，人们在交流过程中，其实往往是靠"废话"来联系的。

陈姐之所以如此受人欢迎，正是因为她"废话"连篇，说出的话没有目的性，让别人与她交流时没有利益得失，因而感觉很轻松，进而产生一种亲近感、愉悦感，跟她做好友就成了自然而然的愿望。

"废话"不仅可以让你做个受欢迎的人，还可以达到四两拨千斤的效果，所以，为人处世就要学会说一些"废话"。通常来说，受人欢迎的"废话"主要涉及三大方面：天气、美食、美景。

如果对方对吃喝玩乐不感兴趣，那就说说各自的大学、当下的时事热点问题等。有经验的人会仔细倾听，找到对方感兴趣的内容，然后再开始说"废话"。对方喜欢足球，那就聊足球；对方爱旅游，那就聊旅游；对方爱收藏，就聊古董。

说"废话"的基本思路：说完每句话之后，如果对方感兴趣就顺着他的话题说下去，如果不感兴趣就换个话题。但说废话一定要把握好度，废话说太多，显得人啰唆、轻浮，千万不要刚一转身就被人骂"嘴真贫""真无聊"。说"废话"不是侃大山，而更近于轻松自在的寒暄，给人亲切之感。

总而言之，就是要抓住人的心理，充分发挥"废话"的无用之用。

不善交际，可以引导对方说

不多谈自己的事，而是以提问的方式引出对方的回答，如此一来，两个人自然能聊得起劲。

看过美剧的人都知道，法庭上的唇枪舌剑可以说是最精彩、最激烈的沟通。在唇枪舌剑中，最核心的就是提问。然而，现实生活中，提问却是所有沟通技能中最容易被忽视的一项。

例如，当我们和别人聊到买车的话题时，如果对方说："我家买了一辆新车哦！"你会怎么回应呢？如果你说："我家上个月也买车了。"那么，两个人很可能会陷入无话可说的尴尬局面。闲聊时，如果一方一味地站在自己的角度谈论自己的事，聊天自然难以为继。

相反，不多谈自己的事，而是以提问的方式问一些"谁""什么时候""在哪里""为什么"之类的问题，和你聊天的对象自然会非常兴奋、激动。如此一来，两个人便能聊得起劲。继续以买车这个话题为例，理想的回答应该是这样的："你家的车是什么牌子的啊？"

多提问题，会提问题，总能轻松引出对方的回答，谈话气氛才会更热烈。很多时候，流畅的表达可能只考虑了自己，而巧妙的提问必然要考虑对方。毕竟只要提到自己喜欢的事物，人们大多会多聊几句，而你也不必因缺少有趣、合适的话题而闷闷不乐。但是，一定要注意避免查户口式的盘问。

很多人认为，能说会道才是最重要的。事实上，沟通至少是两个人的行为，而提问恰好契合了沟通的这个特质：一问一答，有来有往。在沟通中，按重要性排序，应该如下：提问＞倾听＞表达。

比如，你想向对方推荐一款专门播放幽默视频的App，不妨先这样问："你经常用什么App？"假如你没有提问，就直接说：

"我给你推荐一款看搞笑视频的App吧，非常不错。"然后，就一味地向对方推荐。此时，对方心里很可能会想"快停下来吧，我一点都不喜欢看幽默视频"。看看，你说得再动听，对方也不会买你的账。

事实上，提问才是沟通中最重要的技能。问对方的想法，然后倾听对方的想法，再来解释说明问题，这才是沟通的正确打开方式。不会提问，不会倾听，只要对方的表达欲望没有得到满足，就算你再能说会道，沟通效果也不会很好。

日本推销大师原一平在刚刚开始做保险推销员的时候，事业进展得并不是很顺利。有一次，朋友为他介绍了一个客户，是一位建筑企业的董事长，叫渡边。但这位渡边先生对原一平的保险业务并不感兴趣，刚见面就直截了当地说，不会购买他的保险产品。原一平并没有放弃，而是问渡边先生："渡边先生，咱们两人虽然年龄相仿，但您事业却如此成功。这其中有什么秘诀吗？您能告诉我吗？"渡边看着原一平真挚的眼神，于是一下子打开了话匣子，他将自己早年如何拼搏的经历讲述给他。没想到，本来一场看似不可能的谈话却一聊就是三个小时。而原一平也借着这个机会跟渡边成为了朋友。

所以，聊天时，针对对方的话，可以丢出问题，至于丢出什么问题，不妨找找你们之间的共同点。比如：都爱看电影，就聊聊电影；都爱旅游，就聊聊风土人情；都爱玩游戏，那就聊聊游戏。实在没有共同点就尝试聊聊对方的兴趣爱好，然后，再等对方回答。虽然不是以自己为主的谈话，但是聊天仍然会变得顺畅、热烈。

第三章

人人都爱幽默大师

自嘲，让人刮目相看

"自嘲"，又称自黑，是当一个人有了过错，受到别人过分的嘲讽时，通过"自毁形象"来化解尴尬的一种手段。"自嘲"是幽默的一种，它其实就是让听众知道：我对大家是坦诚的。通过放下身段，巧妙地拿自己"开涮"，拉近与听众的距离，调动现场的气氛，为自己博得"满堂彩"。

朱莉是一名著名的女演员，从20世纪20年代到80年代一直活跃在银幕上，但是她在晚年的时候日渐发福。因此，每次当好友邀请她去海滨浴场游泳，她总是找各种理由推辞掉。

在某著名品牌的开业活动上，一位娱乐记者偏偏针对这个问题向朱莉提问："朱莉女士，您是不是因为自己太胖，怕出丑才不敢去海滨浴场游泳的？"

朱莉想了一下，爽快地回答道："你说得很对，我是因为自己胖才不去海滨浴场的，因为我担心飞行员在天上看见我时，以为又发现了一个岛屿。"

在场的人听后，发出了一阵善意的笑声，并鼓起掌来。

一场小小的尴尬，很快便消失得无影无踪。

当记者问起昔日光鲜亮丽的女演员关于"胖"的问题时，聪明的女演员并没有回避而是进行了巧妙的夸张："因为我担心飞行员在天上看见我时，以为又发现了一个岛屿。"这样的回答形象生动而富有幽默感，还避免了谈及自己是否"怕出丑"这样一个尖锐的话题。

这位女演员用诙谐的语言自嘲了一把，既没有被记者牵着鼻子走，又活跃了现场气氛。同时，还给大家留下了一个良好的印象，将自己的乐观、自信和勇敢的一面展现在大家面前，不失为一个高明而有趣的回答。

人生旅途其实很漫长，谁都会不小心摔跤，陷入难堪的境地。此时，学会恰当地自嘲就很有必要。表面上看是嘲弄了自己、笑话了自己，但事实上，却是一种大度和从容的智慧。

许多娱乐圈里的明星或者是拥有讲话技巧的交际者，往往都懂得运用幽默的语言进行自嘲，来化解自己的尴尬，实现由劣势向优势的逆袭转变。

娱乐圈中，在"自嘲"这条道路上做的比较成功的应该就数杨幂了。

在拍摄《小时代》海报时，杨幂被许多网友吐槽摆的姿势都是托腮。对此杨幂幽默地自嘲道："时间在变，我们在变，我们说好的誓言也在变，唯一不变的只有林萧（小时代中杨幂饰演的角色名字）牙疼的右脸。"

杨幂通过调侃自己托腮的动作为"牙疼的右脸"，顺利地把大家的注意力从"杨幂摆拍姿势差"这个话题转移到了她幽默的比喻上。她自嘲的比喻不仅把快乐带给了大家，更掀起了一股自嘲潮流。杨幂作为这个话题的发起人,她自信并自嘲的态度被许多人夸赞"接地气""坦荡",一时间吸粉无数。

还有一次,杨幂演唱《宫锁心玉》的主题曲《爱的供养》时,有人吐槽她的嗓音嗲、难听;更有人编了个段子放到网上来讽刺她:"你们不要再黑杨幂了,我的命都是她救回来的。我因为一场车祸昏迷了三个月之久,有一天护士打开收音机,里面放着《爱的供养》,于是我爬起来把收音机给关了!"

对此,杨幂也特意发微博回应称:"每一天,都希望自己能过得开心,过得有意义。比如没事做的时候,就想唱唱歌,救救人什么的……"幽默地以其人之道,还治其人之身。从发起者的话题中就地取材,将尴尬不知不觉地转移给了对方。当然,大家茶余饭后的话题也顺利地从"杨幂唱歌难听"变成了"杨幂霸气回应抨击者",杨幂打了一个漂亮仗。为此,好多人被杨幂机智的反击折服,纷纷"路转粉"。

自此以后,许多公众人物更加喜欢运用"自嘲"来吸引大众视线。比如湖南卫视的主持人欧弟,经常调侃自己的身高和长相,反而赢得了许多观众缘。再比如商界传奇人物马云,他常常拿自己奇怪的长相来调侃自己:"首先,说我'瘦马'的人有,说我'俊马'的人很少,说我'俊马'说明你的眼光真的很不一样。"但这些自嘲的话丝毫无损于马云在许多人心目中的正面形象,反而让更多人对其更加喜爱。

"自嘲"不仅在明星、名人中异常流行,普通人也常常把它当作拓宽人际交往的技能。

小宋是个很矮的保险业务员，是那种一站到人群中就明显感觉到矮的人，但是他却喜欢和一群个子很高的人打篮球，并且每次都玩得特别投入，特别有激情。许多业务员经常在背后偷偷议论他："明明长得像个陀螺，却喜欢打篮球。"

但是小宋却这样回应别人的无礼："我人生中的最大乐趣就是和大自然作斗争。它喜欢高个子，我就偏偏长成个陀螺！"

他这种敢于"自嘲"的精神，受到了许多人的敬佩。而那些背后议论他的人，也慢慢地被他的大度所折服，开始越来越喜欢他。

其实，敢于幽默自嘲的人，绝对是拥有一颗强大内心的人。自嘲者往往拥有较高的自我价值感和自我效能感，以"黑自己"来取悦身边的朋友。自嘲的本意并不是真的"嘲笑"，而是在传达一个态度：我不会惧怕任何人对自己恶意或者善意的抹黑。

另外，自信者的"自嘲"还体现了一种人际交往的大智慧。不管是什么样的人，都喜欢真实的感觉。比如，有些人对外界表现得自己很"高大上"，大家就会觉得你"特别装"；若是你真的出点儿丑，大家反而会觉得你"很接地气"，觉得与自己有相同的地方，当然就更愿意与你交流交往。

自嘲者运用的是一种化攻击为赞美的有效手段：别人对你恶意攻击，你努力"接住"，而不是把这种攻击反击回去。这样大部分的人都会对你表示赞许，认为你大度、性格好，等等。当然，你反其道而行之的态度亦会越来越吸引其他人与你做朋友。

所以，生活中一个聪明的交流者往往会选择"避重就轻"地"自嘲"来迎合对方，让事情变得既好笑，又不失分寸。假如一个人开自己的玩笑，并且也不会介意别人加入自己的玩笑，大家都把这些讽刺的话当成玩笑，谁都不会当真，又都很开心，何乐而不为呢？当然，自嘲者也因此而拥有了好人缘，增加了喜欢自己的"粉丝"，可谓日常交际中的双赢。

幽默是缓解气氛的法宝

与人交往交流，大家都能够开开心心，各抒己见，一直保持情绪高涨，是每个谈话者都期望见到的情景。但是，每个人都难免会遇到彼此都进行不下去的话题，这就是所谓的"冷场"。

实际上，生活中很多人与别人交流的时候，提出的一些话题经常不能引起别人的兴趣，或者人们不愿对此做出反应，这样就导致了冷场。比如，一个人总是喜欢谈论与自己生活琐事有关的话题。这样的话题，开始时大家可能会出于尊重你的原因而耐着性子听你讲，可是时间久了，大家就会慢慢开始厌烦，毕竟谁愿意一直做别人的陪衬品呢？而且这样的话题无非就是一些每个人都会遇到的小矛盾，大家境遇相似，没什么稀奇，也没必要拿出来进行反复"探讨"，这样交谈的活动就无法继续进行下去了。

比如，有些人总是喜欢打听别人不愿意透露的信息，不经意间揭人家的短。类似于某某人的薪资待遇如何？工作时最看不惯谁？跟家人的关系怎么样？等等。其实，对于别人来说，这些就是对方的隐私。既然是隐私，每个人肯定不愿意提及。如果你总是有意无意地打听这些事情，别人就会觉得你很唐突；要么他会选择沉默，要么他就用一些含糊的理由搪塞你。正是由于你不合适的语言，导致了尴尬的出现。

再比如，有时候一个人为了迎合他人的意愿或者话题，故意不懂装懂，或者歪曲事实，在那儿胡编乱造。但毕竟这些话题是他不了解，没有建立在事实基础上的事情，说不了几句自己也会"编不下去"，"冷场"就出现了。

其实，冷场时，如果有人能用幽默的语言激起大家谈话的兴致，或者是在搞笑中化解尴尬的气氛，就可以让大家忘记之前的不快，顺利进入下一个话题。可以说，幽默是冷场的救命稻草。

小松是一位列车售货员，他负责售卖糖果、花生、瓜子等一些小零食，包括：地方特产——德州扒鸡、天津大麻花、内蒙古牛奶片等。

夏天最热的时候，也是内蒙古牛奶片一年中销量最淡的季节。但是列车上有规定：每位售货员每趟火车必须售出10箱，也就是将近500包的内蒙古牛奶片。小松为了完成任务，使出了浑身解数。

小松走到列车中间，清了清嗓音，然后对旅客们说："大家好，我是本次列车的售货员小松。在这里耽误大家几分钟时间，让我来介绍一下自己。我叫小松，来自内蒙古呼和浩特，出生在一个贫穷的家庭里。虽然我们家非常穷，但是我爸妈最后仍然供我上了大学，大家知道是为什么吗？"

此时大家开始议论纷纷，有的说是借亲戚朋友的钱；有的说是政府补助的；甚至还有人半开玩笑地说是砸锅卖铁才供他上的学。总之，各种奇葩的理由乘客们都说了一遍。

看着乘客们急切的眼神，小松最后大声说："你们真的很"笨"，这都猜不出来！"

听完小松的话，大家都尴尬到了极点，车厢里静悄悄的，谁也不说话了。

眼看大家讨论的激情就要被浇灭，交流马上就要冷场。

小松却一本正经地说道："其实当时我们家是卖了几头牛，一头牛卖的钱也不多，也就卖了一万多块钱吧。由于我们家真的很穷，也没卖几头牛，也就四五千头吧……"

小松说完此话，整个车厢的人都哈哈大笑起来。大家都明白了小松刚才所说的都是"反话"，当然，刚才尴尬的气氛也一扫而光了。

小松见大家又来了兴致，就接着调侃道："但是，我妈当时特别聪明，她只卖了公牛，把母牛给留了下来。为啥？因为母牛可以产牛奶呀！但由于牛奶太多了，不好保存，我妈妈就把这些奶用吹风机风干，切成了块。这就是我手中牛奶块的最原始做法。它具有牛奶所有的营养价值，能够美白、润肤……"

大家听着小松的话正在沉思，突然，小松眉毛一挑，一本正经地说："其实，我昨天就是因为自己太黑了，没敢来见你们。然后晚上吃了几块我手里的内蒙古牛奶块,今天变白了才敢来见大家!"

大家又被小松的夸张给逗乐了,哄堂大笑起来。并且还一边笑一边议论起牛奶的美白效果来了,气氛一下子就活跃了起来。

"不仅如此,它的口味还特别好。来,各位旅客朋友们不信的话就来尝尝我这'美白神器'的味道如何?"说着就拿出了早已准备好的牛奶片。

就这样,小松轻松地卖出了所有的牛奶片,顺利地完成了任务。

小松正是由于在话题快要冷场的时候,善于运用幽默的语言化解尴尬,让每个客户时刻保持情绪高涨,才顺利达到了自己的目的。

生活中与人交流,一定要学点幽默的方式和方法。在遇到冷场的时候"幽上一默",可以让你受到周围人的喜爱。

玩笑虽好,但要适度

幽默虽然很好,若不能恰当使用,也会带来麻烦。如果应用不恰当,就会使自己尴尬。开玩笑要注意场合、地点、时间和对象,如果是在不对的地点、不对的场合、不对的时间,对不适合的人开玩笑,这样的玩笑不仅起不到活跃气氛的效果,而且还会适得其反，造成误会，甚至酿成悲剧。

小王和小张平时爱开玩笑，几天没有见，一见面一个就说："你还没有死呀？"对方也不计较，回一句："我等着给你送花圈呢！"两个人哈哈一笑了事。

后来，小王因病住进了医院，小张去医院看望，一见面就想逗逗他，说："你还没有死呀？"这一次，小王变了脸，生气地说："滚，你滚！"将小张赶了出去。

人家正在病中，心理压力很大。小张在病房里对着忧心忡忡的病人说"死"，显然是没考虑场合，人家怎能不反感、不恼火？

其实，小张说这话也是好意，想使对方开心，只可惜他缺乏场合意识，不该在这种场合开玩笑，使自己的话变得不得体，闹出了不愉快。

这个事例说明，有些人说话之所以惹恼人，并不是因为他们不会说话，而是因为场合意识淡薄。所以，这些人的当务之急在于增强场合意识，懂得不同场合对说话内容和方式的特定限制和要求，时时不忘看场合说话。

除了要注意场合之外，还要注意开玩笑的对象。尤其要注意的是，尽量不要开上司的玩笑，以免造成不必要的尴尬。

小唐在一家报社做记者，他是个不拘小节的人，而且特别爱和他人开玩笑。

有一天，报社的同事来到报社主任老杨的家里做客。老杨刚当上报社主任不久就开始"发福"，原来高瘦的身材逐渐胖了起来。

聊了一会儿,小唐突然对老杨说:"哎呀,杨主任,你现在的饭量是不是特别大呀,怎么胖成这个样子了?你拿镜子照照,你的脸胖得都看不到眼睛了,再这样胖下去可不得了啦!"

在场的所有人听了都大笑起来。其实,小唐的本意是想说幽默话,并不是刻意讽刺老杨,但是老杨却并不这么认为。在大家笑过之后,老杨没说一句话,十分难堪。

幽默应该注意分寸,要看场合、分对象,该庄重时应庄重,千万不要戏耍别人。总的来说,幽默的基本原则是,少开别人的玩笑,多开自己的玩笑。特别是一些不太擅长幽默谈话的人,最好不要随便开玩笑。而自以为幽默的人,则要不时问一问自己:"开这么一个玩笑,合适吗?会不会冒犯他人?"设身处地地想一想,会让你的幽默更有效果。

任何事情都要有度,开玩笑也一样,要讲究分寸,否则,便会适得其反。开玩笑要注意以下几点:

第一,开玩笑不可过火。

有个人喜欢开玩笑,一天看到男同学夫妻俩在散步,便装作风尘女子打电话给男同学,弄得男同学的妻子误会,大闹一场,后来通过一番解释,这对夫妻才言归于好。开这样的玩笑,既伤害别人,又给人留下轻率的印象,实在无聊。

第二,伤人自尊的玩笑开不得。

有人不顾别人感受,当着众人的面,叫朋友的绰号,诸如"矮子""傻瓜"等,这种叫法很不好,建立在别人痛苦之上的玩笑会令人反感。

第三,不能侮辱他人。

有人看到姓朱的朋友,有意识地大喊"猪八戒",看到属猴的人称之为"猴头",不仅伤人自尊,还给人留下没素质的印象,惹得朋友厌烦。

第四,不要故作幽默。

幽默的特征之一是其质朴性。幽默在心理感觉上应该是轻松明快、自然的。"幽默是一种优美的健康品质",自然的幽默具有很高的美学价值。幽默的大敌是做作,矫揉造作永远与美无缘。

第五,避免低级趣味的幽默。

幽默表现的是语言的美,是一种高雅的语言艺术,它与庸俗的粗话、"荤"段子绝对不能混为一谈。但现在有些人误把粗俗当高雅,误以为"荤"段子也是幽默,常常是粗话连篇,以在听众中引起哄笑为自豪,对幽默的理解完全背离了其本意。

幽默,最具魅力的沟通艺术

幽默是一种语言技巧,更是人们适应环境的一种特殊语言工具。有些人其貌不扬,却由于富有幽默感而获得了许多俊男靓女的青睐,拥有了美满的婚姻生活;有些人资质平平,没什么过人之处,却由于自己的风趣幽默,收获了周围人的喜爱,仿佛好运

第三章
人人都爱幽默大师

气也总是围着他转,升职、加薪,更是水到渠成;还有些人在面对一些尖锐的问题时,明明处于劣势,却能够运用幽默轻松解决各种棘手的问题,令他人对其刮目相看。

小段是一个只有中专学历、相貌平平的销售部经理,大家却非常喜欢跟他在一起工作,他也以幽默机智著称。

一次,公司打扫卫生的阿姨正端着满满一大盆水准备擦桌子,段经理刚好端着一杯咖啡经过,阿姨边跟跟跄跄地走边喊道:"段经理,别动,别动。"可能是段经理思考事情太入神了,没有及时反应过来。结果阿姨端着水盆一下子撞到了段经理的身上,溅了他一身的水。阿姨一看自己闯了大祸,正觉得不知该如何解释的时候,段经理一边拍打着自己身上的水,一边说道:"我以为你说'别动'是干啥呢,原来是为了瞄准我。"

一句话令原本一个个严肃工作的同事都哈哈大笑起来。那个打扫卫生的阿姨见状,脸上的阴霾也一扫而光。

还有一次,公司的一位副总结婚,大家都去参加婚礼。后勤部的赵经理想出了一个难题想考验一下小段。借互相敬酒的时机就问道:"段经理,大家都说你非常聪明,有个问题困扰了我好久,我想让你帮我解答一下。我媳妇跟副总媳妇是表姐妹,你说到底是副总媳妇漂亮还是我媳妇漂亮?"

此话一出,大家心里都偷着乐,因为回答哪个漂亮或者哪个不漂亮都不行。大家以为这下可难倒了小段,都等着看他出糗。

"漂不漂亮我说了不算,她们的老公才最有发言权呀!"

此话一出,引得了满堂喝彩。大家都被小段的机智折服,似乎也明白了资质平平的小段，能在进入公司不到半年的时间，就被破格提拔为销售部经理的原因。就连刚刚那个出难题的赵经理也对小段竖起了大拇指，啧啧称赞了起来。

由此可见，幽默是一种最有趣、最实用的沟通技术。

一个拥有幽默感的人跟别人谈话可以让他人感觉到快乐、轻松，可以瞬间拉近与谈话者之间的距离。幽默可以在你面对生活或者工作中的困境时淡化自己消极的情绪，采取一种积极乐观的态度和方式去处理这些问题和烦恼，促使问题圆满解决。幽默更可以化解你的尴尬，促使自己机智而又敏捷地解决与他人的矛盾，减少与他人相处的摩擦，让你跟他人的相处或合作更加融洽。

可以说，一个成功的人或者一个光芒四射的人，一定是一个具有幽默感的人。卡耐基曾经说过："关于沟通，除了词汇以外，最重要的就是如何让自己的话变得有趣味。"因此，懂得幽默是一种说话的智慧、一种才华，更是一种必备的说话艺术。

但生活中有的人好像天生就具有幽默感，如赵本山、冯巩；有的人貌似不具有幽默感，却能展示给大家理性智慧的幽默感，如马云、冯小刚。

其实，说话幽默的人并不是天生就具有幽默感。幽默感不会不期而至。幽默源于生活，是需要后天的培养和训练才能形成的。

第一，要培养乐观自信的处事态度。

幽默与乐观自古以来就是孪生姐妹，一个可以从不顺心的境遇中保持乐观心态的人，往往能在这些逆境中发现一些"戏剧性"因素，当然言语就会充满趣味。

生活中好多人往往由于不自信，遇到好笑的事情只会选择"自己偷着乐"，错失了与大家分享快乐的机会，当然，幽默也就与你擦肩而过了。而自信的人并不在乎别人的看法，即使是说错了也无所谓，关键是他能够及时地说出自己感觉幽默的话题，在自娱中"娱他一下"。

第二，经常利用幽默的资源。

有句话说得好："近朱者赤，近墨者黑。"如果你想要成为一个具有幽默感的人，你就要从心里接受和喜爱具有幽默感和爱讲笑话的人，并经常和这些幽默的资源"混"在一起。比如：和幽默的异性交往；向一些幽默的人学习，记住他们的经典话语；经常看一些笑话、搞笑视频，以及娱乐节目，如《天天向上》《笑霸来了》，等等，往往会对你提高自己的幽默感有很大的帮助。

第三，多多运用实践进行锻炼。

有了理论，只有积极地实践，才能让自己记忆更深刻，表达更流畅。平时在没把握的情况下，可以拿爸妈、爱人等关系比较亲密的人当陪练。茶余饭后"幽上一默"，刻意培养自己幽默的"细菌"，而一旦有了合适的语境，就要毫不犹豫地将自己学到的理论用起来，并要注意与时俱进，不断充实自己的"幽默库房"。

"不正经"的建议更易被采纳

不管是在办公室里,还是在日常生活中,总是有一些时候需要你向他人提出一些意见或者建议。

比如,一个跟你一起工作的同事总是喜欢大声说话,搞得你没办法静下心来工作;比如一起生活的亲人总是把家里搞得乱七八糟,又不收拾;再如,上司制订了一个销售计划,但是你有不同的建议,并且确信效果会更好……

当你面对这些问题时,直接提出自己的意见或者建议就会让大家都比较尴尬,给别人留下"不通情理"的坏印象,影响你的好人缘。再者,直接向你的上司提出自己的好意见可能会让他产生一些逆反情绪,如"就你聪明""就你爱出风头",影响你的日常工作和升职。

所以,即使你对公司的待遇或者某些人的行为有一些不同的意见,提出时也要讲究方式方法。不过,人类总有一些独特的社交本领,千百年来在与人交往中被广泛运用,"开玩笑"就是其中的一种。

小齐是一家公司的小职员,每到吃饭点就是他最痛苦的时候。因为公司的伙食实在是太差了,不夸张地说简直就是"三月不知肉味"。

但负责大家伙食的厨师长是小齐他们老板的一个远房亲戚，大家都不敢惹，也不敢提意见，只能忍着。有的同事实在忍不了就去外面叫外卖，不过长期下去也不是办法，因此大家都想找个机会跟公司老板提提建议。

一次，老板接了一个大订单，心情不错，就慢悠悠地在厂里巡查。走到餐厅的时候，正好碰到大家在吃中午饭。

"天哪，我这排骨汤里竟然有排骨，真是千年一见啊！吃了这碗汤，我这是不是要考虑减肥了呀！"小齐见老板刚好走到自己身边就故意大声地说道。

"嗯，咱们公司的伙食一般般，但这样才能培养大家艰苦奋斗的精神啊！你说是不是呢？"因为心情好，老板听完小齐的牢骚不怒反而笑盈盈地说道。

见老板的心情大好，小齐胆子也大了起来，就开玩笑地说："是啊，我这一个月从160斤瘦到了140斤，艰苦程度和奋斗精神让我对自己'刮目相看'！"

听完小齐的话，老板哈哈大笑起来，边笑还边说："我马上给咱们职工改善伙食，一定做到每顿都有肉吃。"

小齐正是用"让我对自己'刮目相看'"这种既幽默又夸张的语言开玩笑，既提出了自己想要改善伙食的建议，又没有惹老板不高兴。

王老师是一位有着多年教育经验和资深教育资历的高中数学教师，他的班里有一个聪明但不爱学习的捣蛋鬼刘洋。

一次数学晚自习上,大家都在埋头苦思,安静地做着各种数学题,以迎接两个月以后的高二期末考试。

刘洋突然站起来问道:"老师,我听说鱼肉里面有大量磷和蛋白质,对大脑帮助非常大。您说如果我现在就开始吃鱼的话,两个月后期末考试是不是就能过关?听说您以前也爱吃鱼,那我应该吃哪种鱼,又该吃多少呢?"

王老师听了刘洋的话,说道:"如果照你现在的这种学习态度的话,你期末考试之前得吃掉一条鲸鱼才行!"

听了王老师的话,全班同学哄堂大笑,刘洋也跟着大家乐开了花。

但自此之后,刘洋一改往常的学习态度,果然在期末考试中取得了优异的成绩。

王老师正是用"吃掉一条鲸鱼"跟刘洋开了个玩笑,巧妙推翻了他想要"靠吃鱼来补脑"从而通过期末考试的想法,暗寓只有努力学习才能取得好成绩。当然,这个玩笑很搞笑,刘洋能轻易地理解老师的建议并且记忆深刻,这也促使他以后积极端正自己的学习态度,从而取得好成绩。

对于许多员工来说,最大的苦恼就是自己有好的建议,却不知怎样跟上司提出,自己的才能无法得到上司的赏识。如果直接和上司提出的话,上司也不一定会真心接受。这时候你就要学会在恰当的时机跟上司开一些"国际玩笑",趁机将自己的一些好建议跟他提出来。

比如,办公室职员非常不喜欢做事情的时候有上司时刻在现场盯着,因为那样会让自己感觉是在被别人监视,让大家有一种压迫感。某一天,上司跟你闲聊的时候你不妨跟他开开玩笑说:"经理,你工作的敬业精神真的很令我们感动。因为你一直在紧紧地盯着我们,看我们是不是在工作。"相信一个聪明的上司肯定会明白你的意思,嬉笑间你就向他提出了自己的建议。

因此,当你想对周围的亲朋好友、同事爱人、父母孩子,提出一些好的建议,或者是你感觉"怀才不遇""英雄无用武之地"的时候,不妨试着在跟他人开玩笑的时候,或者是以开玩笑为媒介,借机向他阐述自己的建议。给他人一个机会,也给自己一个机会。

用幽默将攻击反弹

与别人交流时,难免会遇到一些野蛮、无礼的人对我们进行斥责和羞辱。很多人都会选择"骂回去",以此来捍卫自己的尊严,甚至会"打回去"以彰显自己"人不犯我,我不犯人"的态度。

但是,急于回击别人的无礼,损失最多的是你自己,而不是那个羞辱和斥责你的人。因为如果你以无礼回击别人的无礼,外在表现也是低俗、野蛮的,这样就会破坏你的形象,严重的将会使自己的人际关系面临危机,反而得不偿失。

其实，面对一些傲慢无礼的人，最好的反击方式就是幽默。

老张是一个个头只有一米六，长相、能力一般的青年。但是，他却娶了一位貌美如花的"学霸"小刘回家。对此，许多同事都很是嫉妒，心里不服气，明里暗里地挖苦他。

有一次，老张和他媳妇以及老张的一伙同事一起吃饭。席间，有一位同事早就看不惯老张，就想让他出出丑。但是，他从老张身上找不到突破口，就想从老张的媳妇小刘身上找突破口。

那个同事故意以敬酒为理由笑嘻嘻地向小刘发难道："嫂子，我知道你是个学霸，个子又高。不过你嫁给了这个矮胖小子，就不后悔吗？不知道老张究竟对你用了什么样的手段，把你忽悠住了？你到底图个啥呢？"

因为他打定主意这个问题很难回答。如果回答是"因为爱情"，大家肯定会笑话她"假清高"；如果是因为别的原因，则会让老张出丑。

没想到小刘想都没想地回答道："就图老张的个头呀！"。

听了小刘的话，大家都面面相觑。小刘此时话锋一转，接着说道："马云也不高啊，所以浓缩的才是精华啊！"

一句话将那个挑事的同事"噎得半死"，悻悻地将手中的酒一饮而尽。从此以后，再也没有同事敢取笑老张了。

小刘就是一个会说话的聪明人，懂得用幽默进行反击。她首先顺着那个同事的话说是"因为老张的个头"，让那个同事以为小刘掉进了自己设计的陷阱。当他正在得意忘形之际，又用"浓缩的才是精华"倒打一耙。

因为凡是取笑老张个头矮的人,肯定会以自己的身高为豪。小刘搬出马云个头矮却人人都敬佩的事实做靠山,既证明了个头矮的人才会有一番大的作为,又暗讽了那位同事空有一副大块头。让那个发难的同事"搬起石头砸自己的脚",有口难辩。

其实,运用幽默的话语进行反击,就是要像小刘那样,表现出一种"压力下的风度",礼貌地"以彼之道,还施彼身"。

多多今年刚刚10岁,但是在外语上却表现出惊人的天赋,他的妈妈也常常引以为豪。

一次,多多跟着他的妈妈去一个朋友家玩。恰巧那个朋友家有个比自己大几岁的少年正在做英语试卷。多多见那个少年看了半天也没有写出正确的答案,出于好奇,就瞄了一眼英语试卷。不一会儿,他就报出了正确的答案,在场的人都惊呆了,大家纷纷夸赞多多聪明。

那个男孩看自己被一个比自己小的人比下去了,就很不服气地讥讽道:"小时候聪明的人,长大了不一定有用!"

没想到多多回答道:"那哥哥你像我这么大的时候,肯定很聪明啦!"

惹得满屋子的人都哄堂大笑,那个讥讽多多的少年也窘得羞红了脸。

多多正是借用了少年的话"小时候聪明的人,长大了不一定有用",进行反击:"你像我这么大的时候,肯定很聪明啦!"表面上礼貌风趣地夸奖那个少年,实际上是暗讽他现在很笨。这一招"以彼之道,还施彼身",巧妙地把少年抛来的"炸弹"又给他抛了回去。

生活中许多人运用幽默来反击他人的无礼，得到了比直接反击更有力的效果。其实，许多名人、演说家，也将幽默作为自己反击他人的"宝典"。

美国著名作家马克·吐温在没有成名的时候去参加一个宴会。宴会上他与一位女士坐对面，出于礼貌，他说了一声："您真漂亮！"没想到那位女士却高傲地讽刺道："可惜我没办法同样来赞美你！"马克·吐温说："没关系，你也可以像我一样，说句假话就行了！"

那位女士听了马克·吐温的话，羞愧地低下了头。

马克·吐温表面上赞同女士对自己的侮辱，推翻自己夸奖女士的话，实际上就是在说那位女士也不值得人赞美。可谓借那位女士的话，反击了那位女士，反击的最大力度也不过如此吧。

所以，懂得说话艺术的聪明人永远不会直接用一些侮辱性的语言来反击他人的无礼，让自己给别人落一个"素质低"的把柄。他只会运用幽默的话，间接地回击他人，既表现出了自己的大度，又能让自己的反击效果成倍增加！

第四章

一句赞美，融化别人的心

赞美的第一要义是真诚

在交谈中，由衷地欣赏对方所讲的话、所做的事，并且培养这种技巧，你会发现，你将成为每次聚会中最受欢迎的人。

人总是需要赞美的，赞美能让人充满激情和活力，经常得到鼓励和赞美的人更自信、更美丽，更容易获得成功，这是因为赞美能带来一种积极的正面情绪，激发人潜在的能力和能量。

如果你总是对他人冷言冷语，那么你自然不会受人欢迎，人们会觉得你对他们有意见，会怀疑你对他们不满意，甚至怨恨之心。这会导致人际关系的恶化，并且影响你与他人已建立的良好感情。

日常生活中，真诚地称赞他人是促进人际关系改善的重要手段。一个人口才好与不好，不在于他是否滔滔不绝，而在于他是否擅长营造轻松愉悦的谈话氛围，并在与人对话的过程中，埋下精致的伏笔，说出对方爱听的话。

无论是在商业场合还是在社交场合，讲一些表示欣赏的话，总能引起别人的注意，并被对方记住。美国心理学之父威廉·詹姆斯曾说："人性中最深切的心理动机，是被人赏识的渴望。"每个人都有双重的需要：被人欣赏的需要，懂得怎样欣赏别人的需要。不管是伟大还是平庸的人都会被真诚的欣赏所感动。

表达欣赏，其实就是培养一个习惯，即留意他人值得欣赏之处。或许你和对方共事时，就已经知道对方一些值得赞赏的地方，比如，对方的方案写得很细致或者对方的销售业绩越来越好，只是你从未想过要告诉他们。

人们都渴望得到别人的欣赏，同样，每个人也应该学会欣赏别人。无论是在公司还是在家里，让别人知道你对他们的欣赏，可以让交谈的氛围及影响力成倍地增长。更何况，赞美别人并不费太多时间，平均只要六秒钟。所以，不要不好意思表达你的欣赏。

如果对方是你认识多年的朋友，你可以这样表达你的欣赏："前不久，我开车经过你家，发现你家的花园整理得真漂亮。"或者："我真佩服你，每个月都能抽时间带孩子出去旅游一次。"如果你与对方不是很熟的话，就需要认真听他们说话，然后从谈话中寻找或制造机会，表示你对他们的欣赏。

一开始，也许你会觉得这种赞美很虚的，很可能是因为你没有赞美别人的习惯。不过，如果你经常赞赏别人，而且你自己也认为赞赏别人已经成为你的一种习惯，很快，你就会自然而然地赞赏对方。

那么，赞赏有哪些技巧呢？

第一，如果你一直不停地赞美对方，很可能让对方觉得既腻味又矫情。所以，你的赞赏一定要简短。

第二，取悦他人的艺术就在于真心欢喜。所以，当你认真听对方说话时，一定要真心诚意地挖掘出让对方引以为豪的事，这种真诚的态度会通过你的言辞而发光发亮，并且带来巨大的效果。

第三，要用肯定而非否定的语句，"我真不敢相信你做到了"的效果就不如"你做的事真令人印象深刻"。

第四，任何时候，传递别人所说的赞美之辞，能够令听者的印象更为深刻。例如："黛拉跟我说，她在你那里买了一件毛呢大衣，她说她从没见过那么精致的大衣。"

第五，在工作场合，如果你希望人们能尽力为你做事，那么当他们已经尽力做到最好时，千万不要吝啬你的赞赏，说些"很不错""做得很好"等鼓励的话。

第六，赞赏别人时，尽量多使用"佩服""欣赏""令人难忘""好极了""出色""有影响力""满意"这样的褒义词。

第七，如果你找不到对方值得赞美的事情时，不妨给他们的未来增添点信心和希望。例如："我们正在期待，将来你可以干得很出色。"或者："我看得出来，你一定能成为我们需要的人。"

会赞美可不是会恭维

每个人都愿意听好听的话，听赞美的话，希望自己的价值得到别人的认可，尤其是来自朋友的认可。对他人适度地肯定叫赞美，可以为自己和他人营造一种和谐的氛围。但是，并非所有的赞美之辞都能让人喜欢，因为赞美的时候，要考虑场合、对象、语言等因素，只有把这些细节都兼顾到了，才能赢得被赞美者的喜欢。若不分对象、不分场合，过度地说一些所谓的"好听"的话，反而成了恭维、奉承，甚至让听的人恼羞成怒。赞美的尺度掌握得如何，往往会直接影响赞美的效果。记住，点到为止的赞美才是真正的赞美。

假如在一次聚会上，你发现某人歌唱得不错，如果你这么说："你的歌声是全世界最动听的。"显然，这样的赞美只能使双方都难堪，但是如果换个说法："你歌唱得真不错，挺有味道的。"想必对方一定会很高兴。

这就好比一个气球吹得太小，难免不够好看，但是吹得太大，又很可能会吹破。所以说，对他人的赞美也应该掌握一个度，真诚的赞美应该恰到好处，而这样的聊天也会更加愉快。

当然，并非人人都能把赞美的话说得恰到好处。生活中，很多人常常是为了赞美而赞美。例如，为了讨得上司欢心、达到自己的目的，总是说一些阿谀奉承的话："您真漂亮，是我见到的第一美人。""您是我遇到的最有能力的人，没有谁能比得上您了。"对他人如此恭维，听起来当然不会令人舒服。

显然，这样的赞美是不得当的，很容易失掉聊天的真诚。真诚的赞美是出于真实的感受，是一个人对另一个人的某种优势、长处的肯定。拍马屁则不同，它并不是出自人们内心深处对另一个人的认可，而是为了达到某种目的而刻意表达出的好感。这种过度的赞美难免会让整个对话听起来像是吹捧、阿谀奉承。

姚大叔家的小兵先天性失声。但由于家里就他这一根独苗，因此家里人都特别宠他。从小还给他"留了个辫子"，农村人称为"燕尾"。

小兵10岁的时候家人给他进行了"燕尾礼",也就是剪辫子。

邻村的余震是个有点儿拎不清的主。一天,他赶集回来路过姚大叔家,见这家正在办喜事就想占个便宜,讨口酒喝。

邻里乡亲就开他玩笑:"余大个儿,听说你顺口溜说得不错。来,给主人家说几句好听的,说得好这瓶酒就归你了!"

余震清清嗓子道:"哎、哎、真是巧,天上掉下个大元宝,大元宝不得了,一看是个男宝宝。男宝宝真是好,开口就能喊姥姥……"

主人听了余震的话,心里非常生气,我儿子明明不能说话,他在这里竟然还说能"喊姥姥",这不是看我笑话吗?

于是,姚大叔跟亲戚朋友气愤地将余震赶了出去。

余震说的话在别人听来肯定都是赞美,但在姚大叔听来就成了刻意地恭维甚至侮辱了。由此可见,赞美他人也有讲究,不分青红皂白地一味说好听的话,有时也会适得其反。

赞美一定要发自内心,要让对方看到你的真诚,而不是信口开河,因为你要赞美的人是你了解的人,你要赞美的话语是来自于被赞美人的优点。

多数时候,适当的赞美可以让感情升温,而过度的赞美只会显出你的虚伪,也会让你的赞美显得功利,让听者产生"他是不是要跟我借钱""他是不是想让我帮什么忙"之类的想法。

做一个有分寸的人,一定要懂得拿捏赞美的分寸。使用过多的华丽辞藻,只会使对方感到不舒服、不自在,甚至感觉肉麻、厌恶,结果只会适得其反。而恰到好处、点到为止的赞美才是真正的赞美。

第四章
一句赞美，融化别人的心

唐朝的宋璟是武则天时期著名的大臣，刚正不阿。

一次，一个人转交给他一篇文章，并对他说："写文章的是个很有才的人。"宋璟非常爱惜人才，于是就马上拿起这个人的文章读了起来。他一边读还一边大加赞赏道："不错不错，此人真该重用。"

可是，读着读着，宋璟就皱起了眉头。原来，这个人想要得到宋璟的重用，就在文章中对他大加吹捧，这让宋璟很生气。

后来，宋璟就对送文章的人说："这个人的才学不错。但是言语极尽巴结谄媚之词，定是个溜须拍马的小人，重用这样的人没什么好处！"因此就没有推荐这个人做官。

由此可见，方法不对，赞美就会变成溜须拍马，惹人厌恶。因此，生活中与别人沟通，你一定要明白赞美与恭维的区别。

赞美是他人发自肺腑地针对某个人真实存在的优点或者长处的赞扬和钦佩。恭维则是由于讲话者本着某种不可告人的企图，毫无尊严地去吹捧他人。

赞美与恭维的表现与结果大不相同。

第一，赞美是真诚的。

真诚赞美别人的人，是由于自己从另一个人身上找到了符合自己内心深处对理想和价值标准的认可。比如说，自己心目中的美女就是被赞美者这样的；又或者在某件事的处理上，自己内心认为最正确的处理方法正是被赞美者采用的方法。因此，此时自己内心异常激动，情感顺势流露，自然而炽热。

恭维他人则是由于自己内心深处的某种目的，被动地在语言上对另一个人进行认可和钦佩。这种人在赞美他人时，内心时刻想着怎样说话才能从被赞美者身上得到投资和回报；怎样才能顺利完成与自己利益相关的事。此时脑袋和心不同步，就会出现"缝隙"，也就是虽然他嘴上激情四射地夸赞别人；内心却可能对此人看不起、嗤之以鼻。因此，脸上肯定会显示出不自在的神情。

第二，赞美一般都是实事求是，有理有据的赞赏。

比如，一个真诚赞美他人的人会用"此人总是不拘小节，却在文学上造诣很深"来赞美别人。这样就非常有针对性和分寸。既提示了不拘小节是此人应该注意的缺点，又讴歌了他文学上令人钦佩的造诣。而绝不会用"完美""没有缺点"这些毫无分寸的字眼去赞扬他人。

恭维则是凭空捏造、没有事实根据地吹捧他人。因此，恭维的人往往只能借用缺乏生动的词语，来将夸赞的东西任意扩大，比如"我最最喜欢你""我非常非常崇拜你"，大事特夸、小事大夸、无事也要夸是这些恭维的人说话的特点。更有甚者，会把一个人的缺点说成优点，把错的说成是对的，以此来博取他人的欢心。这样的人时常会自以为聪明地向旁人挤眉弄眼，以显示自己非凡的本领。

第三，赞美可以给人信心，让他人获得直接的成功。

赞美是有事实依据的，能让人从你的赞美语言中获得力量和信心；而过分恭维则会让听的人厌恶，甚至会认为你是在挖苦他，时间久了会导致你们关系的破裂。

因此，生活中你需要做一个懂得赞美他人的人，而不是一个只会一味恭维别人的人。与人交流要赞美，而不要恭维。

借他人之口，间接赞美

赞美他人的话每个人都会说，但赞美后的效果却不尽相同。例如，你想追求一位漂亮的小姐，每天在她面前夸她漂亮得像仙女一样，对方对你的态度也许淡淡的；而另一个人经常在这位女士的朋友、同事面前夸赞她漂亮、有气质，希望能娶到这样贤惠的妻子，却反而得到了她的青睐。

直接赞美别人，固然能取得一些效果，但如果处理不好，就有可能让自己的赞美沦为阿谀奉承，给对方留下负面的印象，反而让人觉得你的赞美之词显得太露骨、太肉麻。再者，赞美就像蜜糖，吃多了口味相同的糖，就会让人觉得索然无味，总是直接赞美一个人，难免会让他听腻烦。

一个懂得赞美技巧的人一定会巧用间接赞美，来润滑自己的人际关系。

营运部经理小葛是个内向而又多疑的人，并且对谁都是少言寡语的。一次，同事小丽、静静和喆喆在一起闲聊天。小丽对静静说："女人就应该多打扮，不化妆坚决不能出门。因为男人都喜欢化了妆的妖艳女人，要不那些小三、二奶都喜欢打扮得花枝招展的；女人不坏，男人不爱。"

对此喆喆大为反感地说道："女人最主要的是内在，不是光有外表就行的。你看人家小葛，平时也没有浓妆艳抹的，但感觉就是有气质，我就喜欢她那样的。"

恰巧此时小葛冲咖啡路过这里，无意间听到了喆喆的赞美，她的心里真像吃了块糖那般甜。

从此以后，小葛跟喆喆就经常聊天、谈心，互相倾诉自己的小秘密，成了无话不谈的闺蜜。

在小葛看来，喆喆是在背后赞美自己的，而且并不知道自己会听到，这种赞美不是刻意的。如果喆喆当着小葛的面说这样的好话，生性多疑的小葛可能就会认为喆喆是在有意讨好她或者是在打趣她。

由此可见，在背后说别人的好话，要比当面夸赞别人效果明显好得多。

比如你当着同事的面赞美上司，你的同事会认为你在刻意讨好上司，会引起周围人的反感，而你的上司也难免会认为你有奉承之嫌。这样一来，直接赞美不仅起不到良好的效果，甚至还会起到反作用。所以，有的时候不如试着去间接赞美别人，既能表明自己出自真心，也能减少不必要的尴尬和误会。

不仅如此，上级如果运用间接赞美来鼓励下属，比直接赞美更能起到激励效果。

后勤部的王刚最近非常郁闷，因为他又一次把市场数据分析表搞得一塌糊涂，这已经是本月第三次出现差错了。为此，他除了害怕被炒鱿鱼以外，还感觉自己什么都干不好，对自己失望透顶。

一次，他跟前辈崔浩聊天时唉声叹气地说："我觉得经理快要炒我鱿鱼了，我什么都干不好，干脆回家种地得了！"

第四章
一句赞美，融化别人的心

没想到崔浩说："怎么会呢？上次我跟经理闲聊时他还提到了你。他说你在做数据、做表格上面是有欠缺，但他夸你性格大方、酒量又好，如果做起销售来肯定是个好苗子，他还考虑将你调到销售部呢！"

听了崔浩的话，王刚心情非常激动，瞬间充满了力量。从此以后，他做事情越来越细心，做表格的技术也直线上升。

如果王刚的经理此时对他直接说一些鼓励、赞美的话，可能王刚就会认为经理是在安慰自己，不会产生太大的感触。但当他从崔浩的口中听到了上司对自己的赞赏后，就会深受感动，从而会更加努力地工作，以报答上司对自己的知遇之恩。

除此之外，间接赞美的好处还体现在它可以发现别人"隐藏的闪光点"上。称赞一个人时，与其直接称赞人人都知道的优点，倒不如间接地发现他并不显眼，甚至连他自己也未曾觉察的优点，并加以赞美。

他最大的优点已成为人人皆知的了，在所有人看来都已经习以为常了，而那些大家并不知道的优点，很少有人发现，因此对这个人来说就弥足珍贵。此时，你独特的发现与称赞，让对方发现了自己身上的优点，增加了自信。当然，与此同时你不同凡响的观察力还会获得对方的认可。

大部分人表达感情都是比较含蓄的，即使是让他面对自己最亲密的亲人、朋友，他也不好意思当众表达得太过明显，太过直接。因此，不管你是个什么样的人，生活中与人交际，在跟他人表达自己的赞美之情时，想要让自己的语言既有赞美之功效，又无奉承之嫌疑，只要运用间接赞美就可以完美达成。

因人而异，赞美切忌千篇一律

有时跟别人交流你会发现这样一个现象：甲、乙、丙三个人聊天。甲对乙说："我最讨厌那些没事就会说好话，恭维自己的人了。"丙立刻接过甲的话说："真的吗？现在的社会有您这样品格的人实在是太少了，您的品格真是高风亮节，正如黑暗里的一颗明珠，值得我们大家学习！"乙再回过头来看看当时称自己不爱听"好话"的甲，此时也是慷慨陈词，喜悦之情溢于言表。

其实在外人看来，丙的这种说法又何尝不是在恭维、赞美甲呢？

事实上，世界上没有人会对他人的赞美无动于衷。赞美他人可以使人与人之间的感情更加融洽，使自己更易被他人接受；也会让我们更有勇气参加社交活动。

大文豪萧伯纳就曾经说过："每次有人吹捧我，我都头痛，因为他们捧得都不够。"因此，不是别人不接受你的赞美，而是你用错了方式，或者是选错了对象，令自己赞美的话达不到最好的效果。

小李由于工作的原因需要去国外出差一段时间。出国之前他听曾经在国外待过的同事说外国人都喜欢别人赞美自己，特别是外国女性,最喜欢听类似于"漂亮""有魅力"等这些话。

果然,在国外待着的那段时间他经常对一些外国同事进行赞美,那些外国同事听后都非常开心,这对他的工作帮助很大。

半年以后,他从国外回来了。一天,他去自己家附近的超市买东西,迎面走过来一位体型微胖的中年妇女。可能是小李还保持着在国外时的思维,没有及时转变过来。在帮她拉开超市门的时候,就习惯性地对那位女士说:"哦,女士,你真漂亮!"

没想到那位妇女瞪了他一眼,气呼呼地说:"先生,你是不是离家太久了?"

正是由于小李赞美他人不看对象,所以才会惹得他人不高兴。

由此可见,毫不吝啬地去赞美别人,是需要一定的方式和方法的。比如,当你遇到一个邋里邋遢的孩子时,就不要再对孩子的妈妈说"你的孩子真的好漂亮"之类的话,否则,就会让对方很尴尬、生气。赞美,只有在对的时间、对的人,用对了合适的语言,才能让它为你加分。

小金和小修共同受邀参加一位初中同学马涛的结婚典礼。

入场的时候,小修走在小金的前面与同学的父母打招呼。小修走到那位同学的父母面前微笑着说:"叔叔、阿姨,你们真的是老当益壮,在体育界久负盛名啊,我从小就视你们为偶像,您二位真不愧是咱们县的骄傲啊!"

听了小修的话,那位同学的父亲没表现出来什么,倒是那同学的母亲,脸上反而流露出一丝不快。

等到了小金打招呼的时候,他谦虚地说:"叔叔阿姨,你们真的特别伟大,能培养出一个像马涛这么优秀的儿子。马涛在我们这届同学里面可是最有出息的一个了。这不,我还想趁着这次见面让他传授我一点儿成功的经验呢!"

马涛的父母听了小金的话,笑得合不拢嘴。特别是马涛的母亲,激动地紧握着小金的手,一个劲地夸赞道:"你也不错,以后我一定让涛涛多多跟你联系!"

原来,马涛的父母年轻的时候都是体育界的翘楚。但是近几年由于马涛的母亲身体越来越不好,就辞掉了教练的职务,在家里专心照顾家人的生活。小金来之前怕跟同学没话说,就向其他的同学打听了一下,所以才知道这些情况。小修可能是来之前没做准备,不明就里,结果才惹得主人不快。

由此可见,面对同一个人,所说之话不同,赞美产生的效果就会不同。而生活中你要跟形形色色的人打交道,因此,赞美他人的方式更要因人而异。

第一,当你赞美的对象是个年轻人的时候,你可以用一些事实直接赞美他将来会大有作为。因为年轻人都对未来充满幻想,自以为前途无量。如果你此时对他进行大加赞美,他一定会高兴地把你视为知己。

第二,当你要赞美的人是和你属于同一年龄段时,你可以考虑从学习能力、就读的学校、抱负、工作待遇和个人爱好等方面来进行赞美。当然,如果你从其领导能力、组织能力、关心他人等方面进行赞美的话,则会使你对他的赞美达到一个更高的层次。

第三，对于自己的长辈或者是年龄比较大的人，你如果能够称赞他的子女则会比称赞他本人阅历丰富、成就非凡更能让你受到他的欢迎。因为这类人自己已没有什么理想也没什么期待了，他的一生已经定型。对于还未达到的预期目的，已不抱十分希望了，他目前最关心的就是他的子孙。

第四，对于不同行业和职业的人，你要学会从他的工作性质来进行赞美。比如对于学历比较高的人，你可以称赞他学富五车；对于商人，你可以称赞他脑子灵活，很有眼光。

总之，生活中对他人进行赞美不是死记硬背，不知变通。你要学会让自己赞美的语言因人而异，因时而异，这样才会让人信服。

意外的赞美带来"意外"的收获

人是一种感性动物，每个人收获什么样的情感，他就会反馈给你什么情感。你不懂得欣赏和感恩，你就会不顺利。因为谁也不愿意面对一副冷漠、缺乏热情的面孔。每个人都希望得到他人的欣赏和鼓励，收获一份喜悦。

当一位女士态度蛮横，你却大度地赞美她的鞋子很漂亮，也许下一秒她就会向你展现笑脸；当你的同事都在埋怨另一个同事总是捣乱，把事情办砸的时候，你却能赞美他行动力很强，可能从此他的行为就会改变；当你的孩子拿着考试的卷子，因为考得不好，害怕受批评，心情低落时，如果你赞美他的字写得很好，也许下次他就能给你带来惊喜。

一语让人生，一语让人死。可见，关键时刻，一句话就能改变一个人的未来。当一个人害怕得到指责，或者根本没有任何希望能得到他人的认可时，此时如果你能够不吝其辞地真诚赞美他，就会让他对你的赞美印象深刻，甚至会终生难忘。

倩倩是一家快递公司的到港客服，就是负责所有到岸快件（就是到达目的地）的破损处理。由于她们所在的办事处紧邻一个小的批发市场，有时候也有客户过来寄快递。为了方便，公司规定倩倩也要帮着客户填单子，寄快件。每天到岸的快件少则一两千，多则三四千。当然，随着快件量的增加，倩倩负责的破损快件的处理量就可能会增加。

有一次，由于天气原因，到岸的快件破损了好多。倩倩一遍一遍地向客户解释原因，却遭到许多客户的不理解，心情异常烦躁。

这时候正好有几个人过来寄快递。倩倩就没好气地跟他们说："自己去那边填单子吧，我没空帮你们！"

其他人都拿了快递单悻悻地去旁边填单子去了。

其中，一位阿姨过来拿快递单子的时候惊喜地说："你长得很像那个演员叫什么来着，对，赵丽颖，真的很可爱。"说完还不忘向其他人求证。

第四章
一句赞美，融化别人的心

倩倩惊讶地看看那位阿姨，脸上露出了害羞的微笑。慢慢地，她开始指导起那些不会填写快递单的人，也帮着他们称重物品，服务变得热情了好多。

正是由于那位阿姨在倩倩服务态度很差的情况下，还能够衷心地赞美她很可爱、很漂亮，才让倩倩的态度发生了改变。

有句老话说"拿人的手短，吃人的嘴短"，每个人对别人的"恩惠"都会存在一种"补偿心理"。当你在赞美他时，会让他收获喜悦、自信、力量等，因此他就想用其他美好的东西来回报你的"付出"。特别是当自己的行为与赞美是背道而驰时，对方意外地得到了你的赞美，这种补偿心理就会更加强烈。就像孩子打碎了花瓶，满以为会挨打，妈妈却一边说她好担心孩子会伤到自己，一边夸赞他身手敏捷。他内心的愧疚感就会让他更懂事，免得再让妈妈担心。

人与人相处，难免会产生矛盾，或者是误解。此时，不妨反其道而行，赞美一下对方。反而能够化解对方的怒气，达到释疑解纷的效果。

王森的老板最近出了一点儿小问题，经济上有些紧张，导致公司人员配备紧缺；而作为财务经理的王森更是左右为难。因为办公室里原来的两个有经验的财务都因为生孩子而离职了，新招来的两个又都没有经验。因此，财务上的事情大部分都压在了老员工小芳的身上。

这天，老板非常着急地要公司这个季度的财务分析，新来的职员晶晶跟小范做得慢不说，而且不了解情况，容易出错。于是王森就又去找小芳，让她来负责做这件事情。本来小芳最近就非常郁闷，听完王森的话后非常生气地说："王经理，你是不是太偏心了！我的职位是财务外勤，跟各个银行交接才是我的工作。财务数据分析本来就是晶晶跟小范的工作，怎么都让我来做！"

王森听后本想拿上司的权势跟她理论一番，但又怕伤害了同事间的感情，就故意夸张地说："她们俩哪有你能力强啊，她俩加在一起也不抵你一个。在我眼里，你是个能干大事的人，所以才来找你的！"

小芳听了经理的赞语，不觉转怒为喜，也顺利地完成了王森交代的事情。

王森本可以利用自己的职权向她施加压力，或者痛批小芳不为公司着想的行为，但是他却没有这样做。正是由于他转批评为赞扬，才能让小芳心甘情愿地去接受额外的工作。

所以，在他人没有理由能获得你的赞美，或者那是他的本职工作，他并不期望能得到你赞美的时候，给他一句赞美，可以让你的赞美发挥出无法想象的力量，更加有利于你的人际交往。

巧用大家的力量帮你赞美

有时候你会发现这样一个现象：如果只有你自己说这件事情好的时候，别人不一定相信。但如果大家都这么说的话，别人就

第四章
一句赞美，融化别人的心

往往会相信。

因为在每个人的心目中，总是认为"观众的眼睛是雪亮的"。也就是说，每个人都觉得大家公认的事情就是得到过事实验证的，是最公平、最客观的；而你的认为只代表了你一个人的立场，可信度不高。

同理，如果你在夸赞一位男士时说："你很有才。"他就会觉得这只是你自己主观上觉得他聪明，意义不大，但如果你夸赞他："大家都说你很有才，起初我还半信半疑，今日一见，果然名不虚传啊！"他肯定会分外地欣喜。

小丁是一个奶制品销售公司的业务员。由于天气炎热，奶制品滞销，业绩迟迟上不去。但是公司里的老业务员冯正却能一反常态，每个月都能完成公司规定的业绩。眼看自己马上就要因完不成业绩而遭到罚款，最后，小丁决定向冯正取取经。不过，在小丁去找冯正之前，冯正就告诉小丁，今天自己非常忙，只能给他几分钟的时间。

果然，小丁找到冯正的时候，正巧他正忙着跟自己的客户谈论发货的事情。小丁不敢打扰，就静静地站在一旁听着。

等了好半天，冯正终于把客户给搞定了。

没等冯正开口说话，小丁就双手握住他的手，激动地说："早就听大家说冯哥你搞定客户很有一套，今天见你谈客户，真是让我大开眼界。我瞬间就变成了你的小粉丝，感觉你就是我心目中的那个'男神'！"

听了小丁的话，冯正谦虚地说："哪里，哪里，大家都是一样的。"

"怎么会一样？你看我最近就特别背，这个月快到月底了，要是再完不成任务的话，恐怕就要挨罚了，我正发愁呢……"

听完小丁的话，冯正一拍胸口，慷慨地说："小丁你就放心吧，就冲今天咱俩这么投缘的份上，我也会帮助你的。要不然这样，晚上咱俩一起吃饭，你在饭桌上给我详细讲一下你那个客户的情况，我们一起来分析分析……"

就这样，两个人越谈越投缘，那个月在冯正的帮助下，小丁顺利达标，并且他们最后还成了好兄弟。

如果小丁上来就讲自己需要冯正的帮助，在那么忙的情况下，冯正肯定会找理由推脱。正是由于小丁会运用"大家都是这么说"来称赞他，让冯正的自尊心得到了极大的满足，愿意牺牲自己的吃饭时间来对小丁施以援手。

由此可见，关键时刻引用"大家都这么说"可以让你的赞美听起来更有可信度，更易打动对方。

因为在一般人的观念中，"第三者"所说的话大多比较公正、实在。如果你赞美的语言中强调了你的意见也是大家都公认的结果，那么他就不会怀疑你说的话是在恭维，就会更加容易相信和接受你。

舒老师是一名教外语的初中老师，新学期他们班转来了一个名叫航航的男同学。据航航的上一任老师讲，航航非常聪明，但就是不爱学习，喜欢追星，整天想着当大英雄。不管家人、老师怎样苦口婆心地劝说都没用，最后他甚至开始用沉默来抗议

第四章
一句赞美，融化别人的心

大家。

这天放学后，舒老师把航航独自留在了教室里。

"你别想当我的说客，我不吃这一套！"航航还是用之前对付老师的那招，表明自己态度后就陷入了沉默。

"没有啊，我只是想看看同学们口中的'小赵文卓'到底是哪里跟赵文卓本人像，毕竟赵文卓也是我心中的偶像。嗯，鼻子很像，下巴也有点儿像……"舒老师微笑着说。

听了舒老师的话，原本一直沉默的航航竟然开口道："真的吗？舒老师，你不会骗我吧？赵文卓老师可是我的偶像，我梦想有一天能成为像他那样的功夫巨星！"

"当然是真的了，我也是听了大家的说法才来一探究竟的。"舒老师回答道。

"不过赵文卓老师虽然是个大英雄，可据我所知，他还是个高材生呢。如果他当初像你这样不学习，怎么有能力跑到好莱坞为国争光呢？"舒老师话里有话地接着说道。

听了舒老师的话，航航陷入了沉思……

在接下来的几个月里，他一改往常的表现，学习越来越刻苦，学习成绩也得到了很大的提高。

正是由于舒老师善于引用"大家都这么说"先夸赞航航，才会让航航放下警戒心，虚心听取她的意见，舒老师也才能顺利地说服航航努力学习。

总之，不管对方是男人、女人、老人还是小孩。赞美他时，引用"大家都这么说"可以让你的赞美更有说服力和可信度。特别是针对女人，因为女人对语言的想象能力一般都比较弱，只有对于一些实际的夸赞，她们才比较容易理解。如果你夸奖她"有魅力"她可能无法想象出其中的美好，反而会不以为然；但如果你说"大家都说你的气质很像刘诗诗"，她则可以立刻领悟你的赞美，并且非常乐意接受。

第五章

懂得拒绝,生活更轻松

勇敢说不，不委曲求全

与他人交往，难免会遇到别人的无礼要求，甚至有一些人，总是随意触碰别人的底线。第一次你若答应了他，他就会认为你凡事无所谓，不知不觉地得寸进尺，接着是第二次、第三次……

你在面对他人过分要求时的忍让，不仅伤害到了自己，还会对你们长远的交往不利。因此，想要获得长久的朋友，在这种事情上千万别含糊，面对他人触及底线的要求，应坚决地说"不"。

小吴是一位非常善良的新时代女性，她性格开朗，乐于助人。无论是生活中还是工作上，她给大家的印象总是无所不能、无所不通的。因此，平时大家空闲的时候也总喜欢喊上她一起逛街、吃饭、谈天说地。在大家的印象中，她是一个永远把别人的要求放在第一位的人。

有一次下班后，平时关系比较好的小雪、兰兰、轩轩三个好姐妹拉着她一起去逛街。逛着逛着时间就晚了，但由于第二天是周末，大家不用上班。于是几个活泼的女孩就又拉着她一起去KTV包了个房间唱起了歌。一开始，她们几个玩得还比较开心，但是，慢慢地大家都觉得有些枯燥，唱歌也没有之前有激情了。

这时候，同事小雪提议道："要不，咱们来拼啤酒好不好？今天大家不醉不归！"

第五章
懂得拒绝，生活更轻松

其他两个同事都兴高采烈地举双手表示赞同。

但小吴听后坚决地反对："陪你们唱歌可以，但你们知道，我可是滴酒不沾的！"

小雪听后一怔，心想平时事事百依百顺的小吴今天怎么会拒绝自己呢？一定就是故意做做样子。于是就再次调侃道："吴姐，我们三个年龄比你小的都敢喝酒，你不会是不敢吧？而且咱们又不是喝白酒，就几瓶啤酒，坏不了你的规矩！现在，我们三个都这么高的兴致，你如果不喝的话，那多扫兴啊！"

听了小雪的话，小吴再次正色道："不是我扫大家的兴，也不是我故意给谁难堪。平时咱们大家怎么吃、玩我都陪你们，但就一样：滴酒不沾，这是我的底线。而且现在都快晚上十二点了，我们几个女孩子如果喝得烂醉的话也太不像样子了！好女孩守则不是总告诫咱们要在十二点之前回家吗？"

小雪一听小吴这样说，心想：平时几个好姐妹无论是多么过分的要求，吴姐总是会尽量满足？为何今天到了我这里让她喝点啤酒这样的小事就卡壳了呢？这不是看不起我，并且还借机挖苦我么！

于是就阴阳怪气地回击道："是，你吴姐是一个有底线的人。就我们这些见识浅薄的小姑娘没底线，不是好女孩！你大可以回家啊，不答应我的要求就是不愿意跟我敞开心胸做朋友！"

其他两个人见小雪情绪如此激动，一个人就赶紧拉着小吴催促其回家；另一个人也不停地劝慰小雪。那次聚会，两个人不欢而散。

但是，周一刚开始上班，正在复印资料的小吴却收到了小雪的主动道歉，两个人又和好如初了。

原来，小雪回到家后又仔细地回味了整件事情。她越想越后悔，觉得是自己太过冲动，太小鸡肚肠了，并且她反复思考了小吴的话，认为她是一个非常有原则，值得深交的朋友。因为，一个不轻易妥协的人，一定会将友情看得弥足珍贵，厉言相劝也只是因为珍视朋友！

小吴面对朋友的要求，坚持了自己的原则和底线，才赢得了朋友的尊重，收获了更加真挚的友谊。

小静是一个建筑公司的总经理助理，长得既漂亮又文静。她由于刚来公司没多久，所以对一些事情不了解。为了让自己能尽快地成长起来，她总是最早一个来到公司，最晚一个离开公司，对别人也总是乐于伸出援助之手。

一次，公司总经理说让她晚上和自己一起陪客户吃饭。公司的老财务荣姐偷偷将她拉到一边说："你可小心咱们葛总了，他让你去吃饭，肯定会让你陪客户喝酒。那些客户总是喜欢对女孩子动手动脚的，公司好多女同事都吃过这个亏。"

小静听完荣姐的话，就到总经理办公室里，礼貌中带着坚定的语气对总经理说："葛总，今天晚上吃饭归吃饭，但我绝不喝酒。如果客户真的对我做得很过分的话，我就很难继续做这份工作了！"

老总见小静态度如此坚决，就笑着说："没那回事，你别多想。让你去就是给我拿着资料，到时候记得提醒我。"

果然，那次晚饭，葛总又另外叫了一位男同事陪酒，整个吃饭的过程大家也都对小静恭恭敬敬的。

听完小静的经历，大家都被小静的勇气所折服，纷纷竖起了大拇指。

正是由于小静在面对这种办公室潜规则时，开门见山，敢于直接拒绝，才既防止了自己受到伤害，又获得了同事们的尊敬。

面对拒绝，很多人的反应都是无法说出口。他害怕伤害到别人，害怕让朋友失望，损害友情，也害怕因为拒绝而断了自己的门路。因此，他情愿选择委屈自己，也要满足他人的要求。

可是，任何事情都有一个底线。当你的朋友请求你协助他做有悖于道德或法律的事情；当你的同事向你借钱，但你知道借给他根本就是"打水漂"；当你的老板对你表达暧昧；当一位员工提出要你给他额外加薪，而他做的事情本来就是他分内的事；当你的朋友总是打探你的隐私……当你面对这些触及自己底线的事情时，请坚决而直接地回答："对不起，我不能帮忙。""不好意思，我不愿提及这些！"

巧移话题，拒绝也不难

若你不想听别人说的话，又不好直接拒绝对方，最好的办法就是堵住对方的嘴，不断转移话题，打断对方。这样的做法看起来似乎不太礼貌，其实一点问题都没有，因为是对方不礼貌在先。

有个女孩使用这种方法拒绝男孩的示爱。

男孩和女孩在一起工作，渐渐地，男孩对女孩产生了爱慕之情，女孩也发现了某些苗头。男孩想要表白自己的心意，获得爱情，于是就鼓足勇气对女孩说："我想问问你，你是不是喜欢……"女孩似乎很紧张，她当即就把话打断："你给我借的那本公关书，我喜欢啊，我看了两遍，很不错。"

男孩以为女孩没有理解自己的意思，又说："嗯，你看不出来我喜欢……"没想到女孩又打断道："我知道你也喜欢公共关系学，以后咱们一起交换学习心得吧？"男孩说："嗯，好。你有没有……"女孩再次打断对方的话，抢答道："有哇！互相切磋，向你学习，我早就有这个想法。"

此时，男孩总算明白过来，这女孩是无意和他发展恋爱关系。于是只好放下心思，和女孩聊起公共关系学。男孩心里有些惋惜，同时也有点儿庆幸。好在他没有将心意挑明，否则两个人难免会觉得尴尬。

堵住对方的嘴，让他的话说不出口，这样可以很好地避免直接拒绝所导致的尴尬状况。采取这种策略，对方不会觉得你不礼貌，因为他心中所思考的问题，已经不是你的礼貌，而是你的态度。

从你的行动中，他可以比较明确地了解到你不愿接受的态度。机智的人看到你这样做，会很快明白过来。对于那些不能马上明白的，你无法挑明，就可以不停地打断他的讲话。这样三五次下去，他自然就会回过味儿来。

由此可见，岔开话题，实际上是一种很好的拒绝方法。如果有一个香水推销员要说服你，你可以捕捉他话里的语句，然后自然而然地加入推销员的话题中:"说到晚上就寝时的事情,玛丽莲·梦露是喷什么香水睡觉的?"推销员笑着说:"那是香奈儿五号,这是一款非常有名的香水。"

接着你就开始引导式沟通,将话题从"香水"上转移开来:"是的,那一定是很好的香水了。肯尼迪先生想必就是拜倒于这种香水的魅力之下吧。""啊?""你忘了?美国前总统肯尼迪和梦露不是有很深的交情吗?"这样话题一下就从"香水"转移到"肯尼迪"了,接着继续,美国前总统福特也出场了:"同样是总统,肯尼迪总统喜欢芳香,福特先生则很爱干净,你认为呢?"这样,就从关于香水的话题,在不知不觉中转移到了对政治人物的评论上了。

每一个话题的跳跃非常顺畅,不会给人以违和感,都是各自不同的联想,毫不突兀。当话题连续跳转两三次之后,结果会变成完全不同的话题。像这样,最初的话题和最后的话题相差越大,对方就越无法继续他的说服了。

当然,说服的一方,也不会那么容易被我们引导,他一定会像一只垂死挣扎的狐狸,不断地用"不过"或"话虽这么说"之类的语句,努力把话题拉回到原先的正题上去。这时你可以不加理会,继续你的话题,以分散对方的注意力,这样对方就要专心思考在何时把话题拉回去,而没有余力说服你了。

任何对话都受时间限制,在天马行空的话题变化中,时间很快就会耗完,那么到时候你根本就不必说一句"不",也可达到"不"的效果,最后来一句:"哎呀,时间已经到了吗?真可惜,我们下次再聊吧。"随后挥手告别。

下面是转移话题时应注意的一些问题：

第一，通过话题转移，堵住对方的嘴，一定要摸准对方的心理。对方刚开口说话，你就知道他要说什么，所谓"未闻全言而尽知其意"。当然这要求很高，如果你无法做到这一点，就不要胡乱打断别人的话。

第二，要顺题立意。你应该将自己的目的设定为表明自己的观点，而不仅仅是拒绝。如果根本没听明白对方的话而乱下结论，就是不尊重对方的表现。所以你打断他人说话的时候，应尽可能顺着对方所说的话题展开自己的话。如果需要转换话题，应先对对方的观点予以肯定和赞同，再用"不过""但是"等转折词过渡，这样才能有效避免对方的误解和反感。

第三，要注意措辞方式。措辞是否恰当得体往往会直接影响你的说话效果。措辞得体，对方不但容易接受，而且有利于谈话继续下去；措辞不当，则很容易引起对方的反感，不利于交谈的顺利进行。因此，最好选择中性感情色彩的措辞，既不要对对方的谈话内容及言论发表任何评判，也不要对对方的情感做任何是与非的表达。

第四，要做到真诚和善。人与人交谈，贵在真诚和善，通过打断别人的话以达成拒绝的目的也是如此。千万不要表现得自以为是、心高气傲和哗众取宠，以免让人极度反感。

适当拒绝反而赢得尊重

对于许多人而言，面对同事、同学或亲戚朋友的要求，让他说出个"不"字，比登天还难！有时候宁愿自己吃点亏也不愿意说拒绝，只因为想要保护好跟别人的友好关系。其实，不管是工作还是生活中与他人交往，都需要你学会适当地拒绝。

蒙蒙是一个公司的文案策划，由于刚到一个公司，再加上这份工作也是她感兴趣的，所以，基本上部门里所有的关于文字部分的活她都会帮着做。

过了一段时间，蒙蒙的工作量加大了，她感觉自己有点儿力不从心。有一次，聊天群里有个同事丢给了她一项任务，要写个文字报告。因为蒙蒙一直忙着，就没有及时回复。

到了快下班的时候，那个同事过来找她要东西，蒙蒙就说今天太忙了，给忘记做了。

于是到了第二天，老板就开始找蒙蒙谈话，说有同事报告说她这几天有点儿不配合其他人的工作。

蒙蒙听了老板的一番话，感到非常震惊。就是由于自己不懂得拒绝别人的要求，才会导致大家但凡有个或长或短的文字任务都过来找她代办，慢慢地，她的工作开始饱和，最后超负荷了。她把自己变成了个所谓的"老好人"，同事们都觉得她做这种事情是理所当然的。

在别人的眼中,一个"老好人"偶尔拒绝别人一次就会变得"十恶不赦";而那些平时脾气暴躁,喜欢拒绝别人的人却反而过得非常逍遥自在。

意识到这一问题的严重性,蒙蒙决定改变这一现状。她趁一次老板给大家开会的机会,提出了一个名为工作绩效考核的方案。其实就是对那些曾经自己帮助过,或者想让自己帮忙做事情的同事进行工作职责的划分,不属于自己的工作,绝对不会再揽在自己身上。

从此以后,蒙蒙工作起来不仅轻松了,而且再也没有人拿她不配合别人工作说事。同事们见到她也都客客气气的,她反而受到了大家更多尊重。

其实,跟别人打交道,一定要学会拒绝一些事情。拒绝超负荷的工作,拒绝不公平的待遇,拒绝自己没有把握的事情,拒绝别人浪费自己的时间,拒绝损害自己利益的事情……

如果你处处因为不好意思,对他人的要求不懂得拒绝,那么别人就会变本加厉地对你提要求。你会慢慢发现,你需要操心和承担的事情越来越多。当你真的承受不了的时候,就会给自己带来更大的麻烦。

冯亮在公司里以老实著称,老板也是看他这人实在,不会耍滑头,所以就派给他了一个任务:去客户那里催款。

实际上,他不善于和别人打交道,催款这种事情根本就做不来。"老板应该交给能说会道、善于交际的人去做才好。"冯亮心里头这么想,但嘴上却碍于面子没好意思说出来,并且他又害怕

第五章
懂得拒绝，生活更轻松

拒绝了老板会惹对方不高兴，最后就硬着头皮答应了。

来到目的地，对方好酒好菜地招待冯亮。但酒桌上只是不停地劝其喝酒、东拉西扯，绝口不提还款的事。冯亮为人实诚，喝了几杯酒后就义正言辞地表明必须让对方还款，在酒桌上与对方撕破了脸。对方一气之下，饭都没吃完就编了个理由，把他打发走了。

回去之后，老板非常生气。对他说："你既然办不到，当时怎么还答应了下来？这是工作，不是你逞英雄的地方！"

正是由于冯亮在面对老板交给自己无法完成的任务时，不懂得拒绝，才会让自己陷于这样一个两难的境地。

著名作家三毛曾经说过："不要害怕拒绝他人，如果自己的理由出于正当。当一个人开口提出要求的时候，他的心里根本预备好了两种答案。所以，给他其中任何一个答案，都是意料中的。"

因此，作为一个成年人，即使你拒绝了，对方也不会因此就讨厌你，远离你。如果你由于正当理由的拒绝而失去朋友，那你也不必觉得可惜，因为如果不理解你，怎么还能算是你真正的朋友呢？所以你也不必伤心。

只有懂得拒绝，你才能获得自己应得的利益；只有懂得拒绝，你才能掌握主动权，获得他人的尊重。可以说，与人交往就应该懂得拒绝，也许拒绝得越多，你反而会与他人相处得更开心。

用替代方案来拒绝

有时候,别人求你办事,也是做了很大的思想斗争才好不容易向你张口的,如果全都拒绝,可能会失去许多帮助别人而获得友谊的机会。因此,面对别人的请求,不要轻易全部拒绝。

《红楼梦》中的王熙凤是个"厉害"人物,说她厉害是因为她是个精明能干、八面玲珑的人。抛开她性格毒辣的一面,在现代社会中来说,她就是一位洞悉人情世故的高手,她的许多处事方法都值得很多人研究。

有一回,刘姥姥来到大观园,由于家里揭不开锅了,便想靠着沾亲带故的关系,来借点银子度日。

王熙凤对于刘姥姥的来意其实是非常反感的,并不想借钱给她。但是她又怕失了自己大户人家的体面,怕别人说自己小气。因此,在府上好好款待了刘姥姥,并对她说:"大户人家也有大户人家的难处,现在日子比不上以前那么风光了。"言下之意是自己的日子也不好过。

但在刘姥姥一再说"瘦死的骆驼比马大"时,她还是将二十两银子拿给了她。其实,这二十两银子对她来说不过是九牛一毛。她既没有完全强硬地拒绝帮助刘姥姥,又没有让自己损失很

第五章
懂得拒绝，生活更轻松

多。后来，贾府落败，她的独女巧姐将要被卖到青楼的时候，刘姥姥散尽家财也要救巧姐。王熙凤正是用当时自己一颗蜜枣般大的善心，换来了刘姥姥对其天大的感恩。

这个故事说明了一个道理：拒绝别人，不要进行全面否决，能做到一部分就答应一部分，给别人一个"丢西瓜换芝麻"的替代方案，往往可以让对方对你非常感激，并且收获他人的友谊。

张杰在亲戚们之中是一个很会说话的人。说他会说话，是因为即使他拒绝了别人，也能落个好人缘。

有一次，他姨家的儿子结婚，亲戚朋友们都是能出钱的出钱，能出力的出力，纷纷去婚礼现场帮忙。

婚礼开始的前两天，他的姨夫就给他打电话说："小杰，你表弟快要结婚了，这两天家里忙得不行。婚礼当天你能回来去新娘子家接亲吧？"

张杰听后知道对方肯定不愿意听到否定的回复，但是自己出差在外，实在没办法回去。

于是他回答道："姨夫呀，不是我不愿意回去，实在是公司这两天要开会，我请不来假。不过你放心，虽然我人不能回去，也一定会尽自己最大的努力为家里出一份力。你们接新娘子的娘家人肯定需要用车，我给我家里的朋友打电话，让他们给你们提供新车。"

他的姨夫听了张杰的回答，顿时由失望转为欣喜地说："好，好，我正愁接亲车不够呢！"

你看，虽然张杰拒绝了自己那位亲戚让他回来参加婚礼的邀请,但是却给出了另一种解决方案,既间接地拒绝了完全按照对方的方式做事,又没有惹怒对方。

毛毛跟苗苗是非常要好的大学同学,两个人毕业以后分别做了不同的工作。毛毛是一个报社的自由撰稿人,而苗苗则是一家公司的办公室文员。

虽然毛毛的工作时间比较自由,但那也是相对意义上的,因为交稿是有时间规定的。而苗苗就不同了,她的工作就是朝九晚五,下班后就是自己的私人时间,想怎么安排就怎么安排。

有一次,苗苗跟毛毛打电话说让她跟自己周六一起出去逛街吃饭。原来是苗苗新交了个男朋友,想让毛毛给自己把把关,看看男孩子怎么样。

但是,毛毛的截稿日期就是周六,那天她必须加班加点地把文章赶出来。

因此毛毛就回复苗苗:"真的不好意思,周六是我最关键的一天,我必须把稿子写完,不然会违约的。要不咱们周日去行不行?总之,除了这周六,在接下来的一个星期,我随时都能陪你们出去玩。"

听了毛毛的解释,苗苗虽然感觉有点儿遗憾,但是也对她表现出了极大的理解:"没关系,你写文章要紧,逛街我们可以改天再约,毕竟我男朋友又不是一两天就跑啦。"

说完,两个人都在电话里咯咯地笑了起来。

其实,拒绝他人,又想减少对方内心的失落感,最好的解决方式就是在拒绝的同时给出一个替代方案。比如:"我没有时间出席志愿者活动，捐助行吗？""很遗憾无法出席你的婚礼，但是我可以让我的太太过去参加。""快递公司十一假期，员工不可能都休息，但是我们可以进行调休。"……

当你用另一个解决方案去回应对方的要求，用一个较小的回报替代对方过高的需求。虽然对方心里会有一些遗憾，但也会对你表现出理解、感谢之情，毕竟从这件事情也可以看出你是个愿意尽自己最大努力去帮助朋友的人。

聪明人善用"拖延法"

有时候你会发现：人越长大就越难拉下脸拒绝别人。因为人长大了之后懂得的事情越来越多，但是心理抗压能力却反而越来越弱。因此，不管你如何巧舌如簧，只要是从你的口中表现出"不"的意思，对方马上就会觉得脸上挂不住，或者是心里对你产生不满。

但是你会发现这样一个现象：一个男孩想要追求一位漂亮的女孩，于是就给她打电话说想晚上请她看电影。女孩觉得男孩还不错，但是又不愿意跟他发展成男女朋友关系。直接拒绝的话，又怕伤到对方，失去这个好朋友，因此就回复说："今天没时间，改天吧。"第二次男孩又给她打电话，女孩又以同样的理由来推脱；第三次亦是如此……

这样多次之后，女孩虽然没有表达出拒绝男孩的意思，男孩却明白了女孩的答复是拒绝，从此绝口不再提做男女朋友的事情。

在女人拒绝男人这方面，拖一拖、缓一缓似乎是她们最常用的做法，并且屡试不爽。但是"拖"，不仅仅是女人拒绝男人的专利。

芳芳是一个刚毕业的大学生，毕业后她去参加了本市著名的服装设计公司的面试。在面试的时候，芳芳从容地回答面试者的各种提问，表现得不卑不亢，自信满怀。一切都似乎是那么完美。

在面试快要结束的时候，一位打扮时髦，甚至有点夸张的面试官问道："你觉得时间不固定、自由度较大的工作，跟一切按部就班、朝九晚五的工作哪个更好？"

芳芳听后不假思索地回答："有规章制度，朝九晚五的工作比较好，毕竟工作和生活要互相分开才是最好的。"

听了芳芳的回答，那位面试官说："好吧，今天的面试就到这里，你回去等通知吧！"

四五天过去了，公司那边还是没有通知她去上班。等到第六天的时候，她忍不住给当初面试她的其中一位人资打电话询问了一下，得到的回复仍然是："我们正在商议中，请等电话通知。"

一个多星期过去了，芳芳仍然没有接到公司通知她上班的电话。她忍不住给自己的学姐打了个电话，将事情的始末告诉了她。

那位学姐听了芳芳的叙述，咯咯地笑道："傻妹妹，公司不好明确拒绝你，才一直拖的，想要你的话早就录用你了。你不要再等回复了，赶紧再找别的工作吧。"芳芳这才恍然大悟。

其实，工作中许多人在面对他人有悖于自己意愿的要求时，都喜欢用"拖"这一招来拒绝。

比如，你跟上司说最近工作量太大，想让老板给加点工资。上司如果认为你的要求不合理的话，一般会跟你说什么踏踏实实好好干，你很有前途，加工资这件事还需要再讨论一下。结果讨论来讨论去，好几个月过去了，一直没有明确的回复。

比如，你的同事想让你替她做本来应该她自己做的PPT，但是你并不愿意帮她做。因为你一旦帮她做了第一次，她就会有第二次、第三次，甚至会把你的帮助当成理所当然。这时候一个会拒绝别人的人就会说："等我忙完自己的手头工作，再看看有没有时间替你做。"当你一直没有给出明确回复的时候，别人就明白了你拒绝的意思。

生活中，"拖一拖、缓一缓"也是很多聪明人惯用的拒绝"伎俩"。

大兵子正在从厂里往家赶的路上，突然接到一个很久没有联系的朋友来电，说是哥几个好久没在一起喝酒了，今晚大家有空，想约他一起喝酒。

大兵子从心里特别抵触喝酒这件事，并且由于工作上的事情，上午刚刚陪客户喝得烂醉，现在酒劲还没下去。但是大兵子也不想直接拒绝那个打电话的哥们，免得面子上过不去。因此他就跟那个朋友说:"老哥请客我当然愿意去了,只是我现在手头上有个要紧的事情需要处理一下,等处理完了再跟你联系,看能不能去。"

过了半个小时,那位朋友又打电话过来问,大兵子回答说:"不好意思,还没处理完……"

每次那位朋友过来催,他都像之前那样"打马虎眼"。几个回合下来,那位朋友也明白了大兵子的意思,也就不再强人所难地给大兵子打电话让他出来喝酒了。

运用拖延来拒绝他人,就是运用时间来逐渐降低对方的期望值,让对方对拒绝有一个消化、理解的过程。

但是,拖延并不是对已经做出的承诺无限期地拖延,而是当别人向我们提出请求时,你感到这一请求超出了自己的能力范围,或者是违背了自己的意愿,此时你并没有对他做出明确的承诺,而是表示需要考虑考虑、研究研究。这样,如果对方够聪明马上就能了解你是不太愿意答应他的要求的。

运用拖延战术来拒绝对方后,即使过两天再打电话表示自己无能为力,也显示了你的努力,可以减少对他心理上的冲击,对方不至于会对你牢骚满腹。

因此,拒绝他人时,巧妙地运用"拖延法",可以让你在人际关系的处理上穿梭自如。

抓住对方的"缺陷"来拒绝

向别人说"不"不容易，拒绝他人的话不好说出口，经常是因为你没有充足的理由。如果在面对他人与自己利益相冲突的要求时，你能够有充足充分的理由来进行反驳，让自己的拒绝也变得"顺理成章"，那么拒绝他人就会变得非常简单，而利用对方的"缺陷"来进行拒绝就是一个非常好的方法。

什么叫对方的"缺陷"？即对方向你提出要求时，对方本身就存在的一些问题，或者是由于对方的原因而导致的无法攻克的难题。由于这种"缺陷"是真实存在，并且无法攻克的，因此你的拒绝就会看起来更加合理和充分。

小霞有一位朋友莉莉是做房地产销售的，在一次闲聊中小霞对朋友透露出自己想买房的意愿。

于是莉莉就一次次地给小霞打电话，让她买自己所在的房地产项目。

但是小霞从其他渠道了解到，这个项目的地址之前是一个煤矿塌陷区。现在项目的工程开发全部是属于回迁房，工期肯定会很慢，不知道什么时候才能交房。最关键的一点是小区临街，而且附近有很多工厂，每天会有很多大小货车从楼下的街道经过。

可以想象，如果以后住进这个小区，不仅每天都会生活在车流声和喇叭声中，就是老人和小孩出去玩儿也会让人很担心。而莉莉想让小霞买的那栋楼正好就在街道旁边。

虽然那栋楼的市面标价比其他房地产公司的房源一平方米便宜了好几百块钱，而且莉莉也多次打电话表示，基于朋友的关系，到时候会给小霞争取个内部员工的优惠价，到时候又可以省下一大笔钱。

但是，正因为这些不方便因素的存在，小霞和家里人决定不考虑在那里买房。

一次，莉莉又兴冲冲地过来告诉小霞，现在买的话公司还会给业主一份大礼包，企图说服小霞。

小霞一边给莉莉倒水，一边微笑着说："莉莉呀，咱俩是好朋友，你也是好心想让我买房省点钱。但是，你负责售卖的那栋楼正好临街，你看我家的孩子还小，也有老人和我们一起住，附近都是工厂，楼下总有大小货车经过，我们年轻人是没什么，可我们不能不考虑到孩子和老人的问题，他们不仅不能休息好而且出门也会增加很多危险，这一点我们真的很担心。你的心意我明白，但家人实在是不好接受！假如不是这些因素，不用你跑这么多趟，我一定会毫不犹豫地就买下，但现在是我真的不能买它。"

莉莉见小霞说得那么诚恳，而且附近都是工厂，街上很吵，对于那栋楼的售卖来说，确实是不可否认的缺点，要不然那栋楼也不会那么难卖。想到这里，莉莉从心里也就理解了小霞。

第五章
懂得拒绝，生活更轻松

事后莉莉不仅没有生小霞的气，反而由于这次事件，让她认识到小霞也是个为人坦荡的好朋友，两人的关系更胜从前了！

正是由于小霞在面对朋友勉为其难的要求时，用周围环境不好这一缺点来拒绝莉莉，才能让莉莉在既定的事实前无法反驳，进而自我反思。小霞这一做法既保障了自己的利益，又没有得罪莉莉。

郑明是一家公司的销售副总监，有一次，他的一个亲戚来找他，想跟他一起合伙做生意。郑明其实心里不愿意跟他搭伙。不仅是因为合伙的生意不好做，更因为这个亲戚平时做事就不着调，投资生意更是眼光不行。他本人干了那么多次生意，没一次挣钱的，甚至最后把房子都抵押在了银行。

果然，听完那个亲戚的意见后，郑明觉得那个亲戚的店面选址就有问题，将来肯定赚不到钱。但是郑明又不想让那个亲戚说自己忘本，说自己有钱了就看不起他。

因此就问他："上次你开的栗子店挣到钱了吗？"

那个亲戚挠挠头说："没有，还赔了一大笔。上次那个是行业没有选好，是个意外。"

听了他的回答，郑明回复道："那么你看看你这次开店的计划和思路。在西环菜市街加盟一个星巴克咖啡馆。这不是和上次那个一模一样吗？一个高端的餐饮，你选择了让它坐落在一个低端消费的地段。这不是明摆着往里砸钱吗？上次那个赔钱的教训你还没有吸取吗？"

听了郑明的话，那个亲戚变得哑口无言，只能怪自己做事情欠考虑，怨不得别人拒绝。

其实，拒绝别人时，难免会让自己在心里产生一些内疚感。而利用对方无法越过的"鸿沟"和缺陷，让其进行自我否定，可以在说服对方的同时，减少自己内心的内疚感；让自己拒绝的理由既充分又有力。

因此，聪明的人总会利用别人的"缺陷"来拒绝对自己不利，或是违背自己意愿的要求。只有懂得让他人为自己的行为"买单"，才可以让拒绝变得简单又轻松。

第六章

糖衣下的批评，更容易被接受

先拿自己开刀,然后再批评别人

批人先批己,这是很多人非常喜欢的一种批评技巧,为何如此好用呢?其实是这样的,因为在批评对方之前,我们已经先将自己置于一个很低的位置,拿自己开涮,所以此时再批评别人,别人也比较好下台,就不会那么生气,就算他想出言"报复打击",也没有关系,反正你已经先自我批评了。所以,如果真的想恰当地批评他人又不让对方生气的话,不妨试试这个方法。

艾拉是克莉丝太太的远房亲戚。上完大学之后,艾拉离开家乡,到克莉丝太太的公司做助理工作,那时她刚刚20岁出头,对于商场上的事情一窍不通,所以在工作中经常会出现一些失误。

有一次,克莉丝实在忍不住了,她真的很想给艾拉一顿恶狠狠的批评,这段时间以来,她真的感到很生气、无奈、失望。可是自己仔细想了一下,好像不应该这么做,艾拉毕竟刚离开学校,年纪这么小,也没有什么工作经验,如果按照老员工的要求对待她,的确有点儿过于苛刻。于是克莉丝和颜悦色地对艾拉说:"其实,你现在还小,刚接触这行肯定不能尽早顺手,出现一些错误也是情有可原的。我跟你一般大的时候,我也是经常犯错,比你犯的错严重好多呢,但是我相信,随着年龄的增长和阅历的增加，你的能力一定会有很大提高的。"通过这一次委婉的批评，在以后的工作中艾拉越来越努力、认真，犯的错越来越少，对克莉丝的帮助也越来越大。

即使对方还没改正他的错误，但只要在谈话开始时你就先承认自己的错误，这将有助于帮助对方改变其行为。这时候的批评是隐性的，我们的话语里更多的应该是真诚、友善和谦逊，以感召他人。如果运用得当，相信这一说话技巧必然有助于我们在人际关系上创造奇迹。

在批评人时，要达到既能使被批评者认识到缺点和不足，又不伤其自尊心、不至于下不来台，最好的办法是在批评中加入自责的成分，使人在感情共鸣中接受批评，这样的效果会更好。

俗话说"责人先责己"，在开口批评别人之前，先承认自己也有错误，然后再指出别人的错误，这样有利于营造一种民主的沟通氛围，在这种氛围中，对方往往能更愉悦地接受我们的批评。

一个懂得自我批评的人需要谨记以下几点：

第一，先做到自我检讨。

事实上，当我们批评他人时，最先应该考虑的就是从自身找原因，先想想自己做得怎么样、自己是否有责任，是否应该完全怪罪他人。这样你也许会改变自己的想法和行为，并与他人保持一种良好的人际关系。

第二，立足他人角度看问题。

大家应多站在别人的立场上，设身处地地替别人着想。在批评别人时，要考虑对方的实际情况，如能力、环境等对他的影响，以及自己在相同条件下可能达到的水平。首先应该承认自己的不足，以己之短，比彼之长，再去批评，对方就会欣然接受。

第三，做一个内心宽容的人。

学会宽容，包容与自己想法不同的人和事，是为人处世的需要。世界上没有绝对的好与坏，善与恶常常交织在一起。因此，有时我们需要平和和宽容。得理不饶人和锱铢必较不仅会招致他人不满，还会给生活带来不少尴尬，实在是不值当的事。

就事论事不对人

法国启蒙思想家伏尔泰曾经说过："我虽然不同意你说的每一个字，但我誓死捍卫你说话的权利。"这句话阐述了对事不对人的智慧。批评他人时，应该把它当成一个最基本的原则。

在生活和工作中，犯错误是常有的事情，不过，一定要在批评犯错一方坚守一项原则，那就是对事不对人。比如在工作中，领导批评下属时指名道姓，指着下属的鼻子骂骂咧咧的，却不顾及下属的人格尊严，就无法帮助下属改正错误，甚至会因为损害下属的自尊心而招致怨恨。

对人不对事是我们批评他人时最容易犯的一个毛病。只因为一个人做错了一件事，就全盘否定这个人，把一些陈芝麻烂谷子的事情全部抖出来，对这个进行人身攻击，一定要把他批评得无地自容才肯善罢甘休。这种只顾戳人伤疤、新账旧账一起算的批评方式会给人留下深刻的印象，成为别人身上一道永远无法磨灭的伤痕，甚至能彻底毁灭一个人。

批评是一门艺术，换一种不同的批评方式也许会得到完全不同的效果。批评他人要讲究方法，对事不对人的合理批评可以帮助对方改正错误，而对人不对事的不合理批评却会引起对方的不满。对事不对人是批评的最有效方式，既不会得罪对方，又可以帮助他们改正身上的缺点。

人人都有犯错的时候，但是不能因为他人的一两次错误就把他彻底否定，觉得他一无是处，把他批评得体无完肤，甚至把他的亲朋好友都捎带上。批评他人不能针对这个人本身，而是要针对他做错的事情。

刘冰最近上班经常迟到，公司领导责问他为什么总是不按时上班，他就找各种各样的借口，有时候说路上堵车，有时候说闹钟没响，有时候说钥匙找不到打不开门。总之，他总能找到一个合理的迟到理由。

公司领导不想再看到刘冰迟到，就把他叫到办公室说："你这个人到底怎么回事？为什么总是迟到？上周因为你迟到，整个公司所有员工都进不去门，拿钥匙你也敢迟到啊！上个月有一天你迟到了，进办公室时走路大大咧咧的，说话声音最响亮。以前还有一个月你竟然迟到五天。是不是把公司当成你家开的了？动不动迟到，简直是家常便饭。你刘冰是不是比其他员工特殊啊？"公司领导的话像连珠炮弹一样一连串说出来，唾沫星子喷了刘冰一脸。

但是，公司领导的批评效果不大，没过几天，刘冰又像往常一样动不动就迟到。同事问他为什么这样"顶风作案",他笑着说:"破罐子破摔吧!反正也没给领导留下什么好印象,你看他把我给骂的,在他眼里我简直一点用都没有。而且迟到一天和迟到十几天扣的钱都一样,既然这样,我为什么不迟到?"

由此可见,找后账式的批评方式并没有太大效果,不但没有让刘冰意识到迟到的严重后果,反而让他产生了破罐子破摔的想法。如果公司领导批评刘冰时对事不对人,就不会导致他和公司领导对着干。

在批评他人时不能带着情绪,因为这样并不利于解决问题。发现他人犯了错误,不要带着情绪批评他,可以告诉他怎么改正自己的错误,而不是因为愤怒抨击他本人。找到问题的症结,告诉他究竟错在什么地方,为何会犯这样的错误,如何才能改掉这种错误。只有这样对事不对人的批评才是最合适的解决方式,才能让对方心悦诚服,改掉身上的错误,促进工作顺利进行。

会说话的人在批评他人时可以找出客观原因,只指出对方的错误并帮他改正,却不批评他本人。如果对方犯了原则性错误,不批评就是在纵容这种错误,而针对他本人批评就是在拉远彼此之间的关系。而对事不对人的批评方式则不会破坏双方之间的亲密关系,甚至可以因此赢得对方的信任与尊重。

打完巴掌，记得给颗甜枣

在中国古代历史上，耕柱子是墨子众多学生中的得意门生。但是墨子经常责骂耕柱子。耕柱子非常委屈，大家都公认自己最优秀，但墨子常常指责他，让他感到十分没面子。

墨子又一次批评他时，耕柱子终于忍不住说："老师，您老人家总是责骂我，难道我真的很差劲吗？"

墨子没有正面回答弟子的提问，而是心平气和地问他："如果我现在要上太行，我应该用良马拉车，还是用老牛来拖车？"

耕柱子回答说："当然要用良马了。"

墨子又问："为什么不用老牛呢？"

耕柱子回答说："理由非常简单，因为良马能够担当重任。"

此时，墨子开导弟子说："你说得对，这就是我时常责骂你的缘故了。"

墨子接着说："你是能够担负重任的人，所以才值得我一再教导。"

耕柱子听后，不满之情顿时消失得无影无踪，原来他误解老师了。从此，耕柱子更加勤奋了。

没有人喜欢听批评的话，当面的、直接的批评会使对方产生抵触的心理，从而影响了批评的效果。其实，很多时候，批评的效果往往取决于形式的巧妙而不是言语的尖刻，就好像给苦涩的药片加上一层糖衣之后，就能减轻吃药的痛苦，使人更愿意接受。中国有句俗话叫"打一巴掌，给个甜枣吃"，意思是批评之后要做好善后工作，减少负面效应。简言之，就是先批评后安抚。如果你在批评对方的问题上巧妙地运用这个方法，相信你收获的效果定会更好。

薛凝是某家公司的一名部门经理，她对待做错事的下属，一般都会先批评，而后再给予安慰。

有一次，薛凝把一份资料交给了他的下属李良，说："还记得上次一起吃饭的王总吗？他的公司你去过，现在，你把这份资料和这本书给他送过去。记得，你要亲自送去，里面的资料很重要。一定要拿好，千万别丢了。"李良笑着答应："放心吧，一定没问题的。"可是，李良在坐车的过程中由于玩手机，下车的时候急急忙忙，只拿了自己的随身背包，却把重要的资料袋丢在车上。他垂头丧气地回到公司，来到薛凝的办公室。

"有没有送到？"薛凝问。

李良脸红了："经理，对不起，我……我把东西丢了。"

"你再说一遍？"薛凝说，"这你都能丢？"

"我是不小心丢的，真的对不起，你能原谅我吗？"李良说。

薛凝大声斥责："你还好意思让我原谅？这点儿小事你都做不好，你是傻吗？你脑子干什么了，送个东西都能丢，就这点儿事都办不好吗？你诚心给我难堪是不是……"

整个批评过程持续了10分钟左右，薛凝的责骂声也越来越大。李良哭了起来，就差跪下来求饶了。

第六章
糖衣下的批评，更容易被接受

薛凝停止了责骂，过了几分钟，等双方的情绪都平静下来后，薛凝才走到李良身边，拍着他的肩膀说：

"我实在是太生气了，所以刚刚真的是控制不住自己的情绪，话说重了。但我是一番苦心啊，我希望你能好好长点儿记性，千万别犯这样的错误了，一定要改掉这个坏毛病，否则以后会吃大亏，不管是对公司还是对你自己，当事情真的到了严重的地步时，相信我也帮不了你了。"

"经理，我记住了，我一定改，以后再也不给您添麻烦了。我现在去出租车公司找找看，看是否有乘客捡到。"李良说。

可是，资料袋还是没有找到。但是，李良工作更卖力了，他用努力工作来弥补自己给公司造成的损失。

需要强硬的时候你就不能软弱，需要温柔的时候你就不能太冷酷。"打一巴掌，给个甜枣吃"的做法并不可笑，懂得奖惩分开的领导自然会赢得员工的支持。在工作中，领导的潜能究竟有多少，有时连他自己也弄不清，而能够使其尽情发挥的原动力就是你的工作方法。使其感到尊严的存在却又承认你的领导地位，同时让他明白工作不单是为他个人，也是为了整个集体，这样就能使下属更好地努力工作。

"打一巴掌，给个甜枣吃"，是一种不可多得的管理智慧，也是一种十分有效的激励手段。管理者对员工进行批评和惩罚，目的是使其清楚地认识到自己的错误，待员工的愧疚平息下来，还要恰当地给员工一点儿甜头，并指引员工向正确的方向迈进。

那么，批评完之后该如何安慰对方呢？

第一，要根据不同性格的人采取不同的方法。

有的人性格大大咧咧，领导发火他也不会往心里去，善后工作只需三言两语，象征性地表示就能解决问题；有的人心细明理，领导发火他也能谅解，则不需下大功夫去善后；而有的人死要面子，会耿耿于怀，甚至刻骨铭心，善后需细致而诚恳，对这种人要好言安抚。

第二，注意自己的态度和表情。

有的领导批评处罚下属以后，好像还不解恨似的，与下属见面时，总是露出一副冷若冰霜甚至疾恶如仇的表情，使下属思想负担加重，导致下属的自暴自弃。在与被批评处罚的下属接触时，正确的做法应是表情庄重、严肃而又不失友善，使对方感受到领导的关心与期望，从而达到激励对方的目的。

第三，安慰的话，一定要及时说。

批评之后，安慰的话要及时说出口，不要等到事情过了很久才去说一些后话，殊不知在此期间对方的内心已经受伤，对你的仇恨已经积累起来。如果你及时说出安慰的话，对方不仅不会对你产生怨恨之情，还会在当时就认识到自己的错误，你的安慰也会给他及时的鼓励，他也会更有动力去改进。

无论何时都不忘记尊重他人

人无完人，谁都会有犯错误的时候，但是批评他人有一个前提，我们一定要知道，那就是尊重他人。

第六章
糖衣下的批评，更容易被接受

现代社会的生活紧张而繁忙，巨大的压力常常会使我们莫名地感到烦躁，当遇到别人犯错误时，我们就更容易控制不住自己情绪了，要不就是大吼大叫地批评对方，要不就是不分场合地任意批评他人，使对方的心理受到伤害。

事实证明，这种批评不会起到任何作用，即使别人因一时惧怕我们的批评，而不做我们反对的事，那也只是暂时的，久而久之，他们就会对我们的批评视若无睹，并且千方百计地为自己辩解，这样我们的批评就起了负面作用，实现不了我们的初衷。

每个人批评他人的本意都是想让对方知道什么是对的，什么是错的，做了错事，只要发现，及时改正就可以了。

人无完人，谁都会有犯错误的时候，但是批评他人有一个前提——尊重他人。我们对他人的尊重应该是发自内心的，是自然的，这一点是对方能够接受我们批评的前提。

只有懂得尊重别人，我们才能平等地对待对方，这样他人才能感受到我们对他的批评其实饱含了自己的关爱与关心。尊重是展开批评的前提，是批评全部的开端，当我们想要批评别人时，首先要自己静一静心，去掉自己的不满与焦躁，用一个审慎的态度来对待即将要批评的人或事。

萍萍是一所小学的老师，有一次班会，她正给同学们讲仪表方面的要求："同学们，我们的衣着一定要整齐，不敞怀，不穿拖鞋，不穿奇异的服装……"萍萍正讲着，发现一位同学上衣的扣子没有扣，她走上前去，指了指她的衣服，说："还不把衣服扣好？"

本以为这个学生会十分听话地扣好扣子的，萍萍却听到学生出人意料地说："老师，我不冷。"她用手指了指自己的衣服接着说："我里面还有一件厚的衣服。"同学们都笑了，萍萍也笑了。萍萍想了想，这个学生并不是不理解我的意思，只是她有她自己的想法，如果我贸然地批评她一定会伤害到她幼小的心灵，这样不行。

于是，萍萍笑着对这个同学说："是呀，你不冷了，可老师觉得很冷。"说罢，萍萍装出很冷的样子，同学们的笑声更大了。她接着说："本来老师穿的衣服是正好的，一看到你的扣子没有扣，好像冷气都钻进我的身体里了。"萍萍做出更冷的样子。"那我还是把它扣起来吧。"那位同学很快把扣子扣好了，端正坐着认真听萍萍讲话。后来有学生的衣服扣子没有扣，便有同学学萍萍当时的样子：缩头，抱胸，"我好冷！"那些没有扣扣子的同学也十分自觉地把扣子扣好。

相信没有人是喜欢听批评的，带刺激性的批评就更不愿意接受，因此我们在批评别人时，一定要站在尊重他人的立场上，不要伤害对方的内心。其实有很多人际矛盾都是因为我们在批评别人时对他人不尊重造成的。

在生活中，我们会发现，有的人很会讲话，批评人都像表扬；但有的人，表扬人都让人感到如芒在背，究其原因，是后者没有掌握批评的艺术，没有把尊重他人作为批评的前提。

所以，我们在批评别人时，态度千万不要趾高气扬，最好能给被批评者一些建设性的意见，启迪对方按正确的方法去改过。同时愿意倾听对方，问问被批评的人，事后有什么感觉。然后仔细听他说，判断他是否真正了解了你的意思是为他好。当对方情绪低落时，我们就不要用批评了，以免让其更沮丧。最好能选个双方都心情平静的时间，让批评在私下进行。

在处理人际关系时，批评是一门艺术，我们要善用批评，把尊重摆在首位，才会让批评产生效果。

有时，善意的批评并不一定能产生好的效果，但如果我们能够多加注意，并掌握正确的方法，那么就很容易让对方接受批评而不结怨了。

犯错误是每个人都难免的，批评也随时随地存在着，但若是想让批评产生预期的效果，就要注意以下的几点了。

第一，把握清楚批评的目的。

在批评别人时，我们首先要明确自己批评的动机和目的。批评他人的目的无非是要帮助对方改变他错误的观点、方法、言论和行动，而不是激怒对方、压倒对方、打击对方，清楚这个目的后，我们就能在理智的指引下选择合适的批评方式了，这样批评就有了针对性。

第二，在赞扬的基础上批评。

批评别人时，我们要先从赞扬和友善入手，在批评纠正别人之前，先谈谈别人的优点，可以借此表明自己的真诚，从而打开对方的心扉，继而再提出你的批评意见，这样对方比较容易接受。

比如："萌萌，你各方面表现一直都挺不错的，大家都觉得你很认真负责，今天这件事你看这么办是不是更好……"试试看，你的批评水准一定会上一个台阶。

第三，在合适的时机、场所展开批评。

批评他人时，对时机、场所的选择至关重要。我们一定要注意场合，纠正人、批评人，最好是在没有第三者在场的情况下进行，否则，再温和的批评也有可能会刺激对方，让其觉得颜面全失。这样，我们期望对方改变的目的就落空了，甚至还会影响两人的感情。

第四，以家常方式开场。

以家常方式开场能够帮助我们建立一种友好、温馨的气氛，这种气氛有助于使对方认识到我们的批评不是在攻击他，不会使他感到受拘束。

试想，一个"正在受批评"的人最自然的反应就是准备保护自己，而以家常方式开场的批评能让其卸下防备，这样批评的效果自然而然就产生了。

第五，提出合理的改善建议。

在告诉别人什么地方做错了后，我们也应该告诉他怎样做才是正确的。要知道，批评的重点不在对方犯的错误上，而在于如何改进，避免日后出现类似的错误。

第六，不要反复批评一个问题。

如果想通过批评让对方对一个已知的过错引起注意，那么一次批评就足够了，重复是完全没有必要的。

记住，要想使我们批评的目的达成，那就要去帮助对方改正错误，总是反复把对方的错误翻出来并且唠唠叨叨地讲个没完，这种做法完全是愚蠢和无效的，甚至会产生恶劣的影响。

有时候，许多善意但措辞不当的批评往往会出现"好心不得好报"的后果，导致对方怨恨我们，所以，我们在批评、纠正别人时，要先思考一番，不要想到什么说什么，逞一时之快，而是要先暂停一下，想一想如何能更客观、更准确、更婉转地实现自己的目的。

方法得当的批评往往会使人信服，达到事半功倍的效果，而不当的批评则会让人产生反感、抵触的情绪而达不到批评的真正目的。所以，我们一定要重视批评时应注意的事项，将批评艺术地进行下去。

欲抑先扬，让人更容易接受

王丽丽今年刚刚毕业，在一家出版社工作，她的顶头上司谭湘云是个非常严谨的人，王丽丽的马虎性格让她非常不满意。事情是这样的，王丽丽的文采还可以，完全可以胜任现在的工作，但是她有一个大毛病，做事不细心，在撰稿的过程中总是忽视标点符号，这让谭湘云很苦恼，总想找机会批评她。几天之后，机会终于来了，王丽丽穿着一件很别致的多纽扣的套装。谭湘云对她说："丽丽啊，今天的打扮好漂亮，这件衣服很适合你，很大气也很标致。尤其是你这排纽扣，点缀得恰到好处。其实啊，写文章也是如此，句句间的标点正如这扣子一般，只有你正视它，认真地对待它，你写出来的东西才会更加有条理，更为完美。"王丽丽听出了谭湘云的言外之意，从此之后，王丽丽在打字时不再马虎，非常注意标点符号。

在批评之前，给予对方亲切的言辞和称赞，对建立彼此的友好关系有很大的帮助。首先你必须让对方明白你并非恶意批评，以减少敌意。同时，通过提及对方的好，使对方明白你的批评是很客观的，从而能心甘情愿地接受意见、改进不足。

李敏是一位腼腆的女生，平时很少说话。很多老师都向李敏的新班主任韩老师反映说李敏上课时不愿意表现自己，回答问题也从不积极，韩老师决定帮助李敏改掉这个毛病。

一次语文课上，韩老师对大家说："今天，我们学习的这段文字非常优美，很适合朗读，谁愿意站起来给大家朗诵呢？"很多同学都举起了手，韩老师看到李敏的眼神闪烁了一下，但很快就低下头，便对大家说："让李敏同学来为大家朗读吧！"

李敏慢慢地站起来，用很小的声音念完了这段课文。大家听后开始叽叽喳喳地议论起来，有的甚至笑了起来，李敏很是伤心。

韩老师让李敏坐下，然后对全班同学说："李敏的声音虽然有点儿小，但她的发音很标准，一个音都没有读错，大家都要向她学习啊！"李敏没想到韩老师会表扬自己，抬起头，脸红红地看着韩老师。

韩老师微笑着继续说道："相信大家从李敏'微弱'的声音里可以体会到桂林山水是多么清幽与美妙了，不过，其他的部分要是她能读得再响亮些，会让我们更能感觉到文字的优美和作者的情感。希望李敏同学以后多多练习。进一步提高自己的朗读水平！"

韩老师的这番话，既让李敏感到舒服，又让她意识到了自己的问题。以后，韩老师经常叫李敏朗读课文，她读得越来越响亮。慢慢地，李敏也变得开朗起来，同学和老师都很喜欢她。韩

第六章
糖衣下的批评，更容易被接受

老师对李敏的表扬中有期望、批评中有鼓励，让腼腆的李敏鼓起勇气，改变了自己。由此可见，巧妙的批评不但会让别人心服口服，还能帮助别人！

所以说，在批评他人时，采用先表扬后批评的方法更为有效。因为这样可以使对方产生改正错误的信心，有助于对方树立全新的自我形象。因为对方从你那里得到的信息是，自己虽然有缺点，但不是一无是处，这样即使有错误也能较为容易地接受并很快地改正。

励人之道，一张一弛。该褒则褒，该贬则贬；褒贬结合，其妙无穷。一句真诚的赞美，会使人如沐春风，精神振奋；一语婉转的批评，可使人迷途知返，干劲倍增。赞美与批评并用时，需讲究次序，先批评后表扬，事倍功半，费力不讨好；先表扬后批评，事半功倍，四两拨千斤。

最后，应注意以下三点。

第一，表扬要真心实意。

欣赏对方，发现他们无可取代的优点。认同他们、赞美他们，不是恭维他们，是发自内心地肯定他们，只有这样才能使他们获得巨大的动力，在接下来的学习、工作、生活中有更出色的发挥。不要让对方觉得"我已经很努力了，但是还是得不到父母、领导、老师的赞赏"。

第二，批评要有理有据。

你在批评对方的时候，要先想一下事情的真实性，批评的本身就是为了使对方改正错误。教育人、引导人的前提必须是对方犯错误的事实的确存在。如果没有错误，硬是去批评人，就会让对方觉得你这个人是无理取闹，是在故意刁难。

第三，提出指导性建议。

在批评别人时，告诉他正确的方法，在你告诉他做错了的同时，应告诉他怎样做才是正确的，这样，会使批评产生积极的结果。重点不应该放在批评别人的错误上，而应该放在改正错误的手段和方法上，以避免以后再犯。

运用技巧让批评变得悦耳

"乔冉，你是老员工了，有些话我也不想说得太难听，你自己看看，这段时间以来你到底在干什么，这个月的业绩怎么如此差劲！你瞧瞧其他同事，这个月都干得不错，就连新来的米艾也比你强！我给你如此高的待遇，是让你干什么的，你知不知道？"乔冉还没来得及开口，老板就是一番连珠炮似的语言轰炸，还顺手把一沓厚厚的报表扔到乔冉面前。

"老板，您别急，我可以解释清楚。"乔冉本想趁机把工作中的问题与老板沟通一下。

"这有什么好解释的，业绩摆在这里，数字就是最好的证明，我现在什么都不想听，你先回去吧，想想你自己到底应该怎么做。我再给你一次机会，要是下个月你的业绩还不能上来，那你的年终奖金就不发了。回去吧，我还有很多事情要处理。"老板不耐烦地摆手，示意欲言又止的乔冉出去。

第六章
糖衣下的批评，更容易被接受

乔冉眼里含着泪委屈地离开了老板的办公室，刚才的一幕让她非常心痛，老板说的话像刺一样扎在自己的心里。顿时，乔冉感到极为委屈。由于被老板分派到新市场，客户数量不多，销售额自然不能与成熟市场相比。米艾虽说是新员工，但进公司就被安排到原有的老市场，客户源稳定充分，客户关系网坚固牢靠，销售额自然高一些。乔冉心里觉得老板只看数字，不问事实，心里很委屈，工作情绪也不高了。

批评是一门艺术。批评与责备的语言能表达出你对某个人或某件事的否定看法。批评的话语需要运用得恰到好处，不恰当地批评，反而会收到不良的后果。

批评对方不掌握好分寸，不仅达不到"治病救人"的效果，反而会使他人产生抵触情绪，因此，批评也要说得好，而批评有道理是需要一些技巧的。

第一，注意批评的态度和情绪。

批评人时要心平气和，做到诚恳、冷静、耐心，不能急躁，不能怨恨，更不能存心找麻烦。态度要温和，语言要中肯。当你心中愤怒、埋怨、焦虑，并想责怪对方时，最好是先克制一下情绪，整理一下思绪，甚至可以先听听音乐，散散步，等冷静时再实施批评。

第二，要尽量在私底下进行批评。

当众批评会增加对方的心理负担。正确的做法是和对方单独交谈，让他体会到你对他的关心，进而使他愿意正视自己的问题与错误。当然，不是所有的批评都要私下进行，要视情况而定，如果有必要在公众场合对对方进行批评，以达到杀鸡儆猴的效果，但应提前给下属打预防针。

第三，批评前给颗甜枣吃。

批评时的氛围很重要，在冷冰冰的气氛里很难收到良好的批评效果。如果在批评之前先表示对对方某一长处的赞赏，肯定对方的价值，满足其某种心理需要，那么就能够制造出较好的气氛，既能削弱批评本身让人难以接受的程度，又能使被批评者不致产生逆反心理。

第四，用反问代替肯定的斥责。

如果常常用肯定的语气斥责他人，诸如"你不应该这样做""你不要做这件事"……极可能使对方恼羞成怒并将错就错。如果能用委婉一些的方式，比如："你是否可以考虑这样做？""你认为这样做可以吗？"相信这样的说法更容易让人接受。

第五，给当事人提前解释的机会。

无论你有什么样的事实或证据支持你的谴责，正确的工作方法应该是：给当事人一个机会陈述自己的看法。从当事人本人的角度来看，发生了什么事？为什么会发生？他对这件事是怎样理解的？如果在某些方面，你与当事人的观点差异很大，你就应该做进一步的调查。

第六，有事说事、不牵扯他人人品。

有些领导干部批评下属时总是说："从你做的这件事就能看出你这个人怎样。"这是批评之大忌。批评时只能针对事情，而不能针对个人的人格、品性，否则最容易让人失去自尊，进而产生负面的消极情绪。领导把批评指向下属具体的工作，就无损于下属的自我形象。

第七章

委婉含蓄得人心，切忌口无遮拦

直来直去，并不能为你赢得真心

在日常交往中，同样一句话，有人说得让人心服口服，有人却说得让人怒气冲冲，这就是说话的艺术。固然，说话直言不讳的人，可以给人真诚、坦率的感觉，但是很多时候，这种说话效果其实并不理想，轻者伤了人际关系的和谐，让你的诚意大打折扣，重者导致信息失真，甚至曲解原意，这实在有违交谈的初衷。

阿凯这个人还不错，唯一的毛病就是说话太直。有一次，阿凯在台球馆和朋友阿磊及其他几位朋友打球。阿磊是初学，没掌握打球的技巧。出于好心，阿凯便教起阿磊学打球。由于关系比较"铁"，阿凯在跟阿磊说话的过程中就没有什么顾忌。在教的过程中，他一会儿说阿磊"真笨"，一会说阿磊"不长脑子"。

阿磊听后，满脸的不高兴，更何况当着好几个人的面，所以阿磊感到分外的难堪。但是阿凯视而不见，继续说道："你这小子，平时看起来挺聪明的。学起台球来怎么就是不开窍呢？脑袋里是不是全是糨糊啊？"

阿磊实在忍无可忍，反唇相讥道："阿凯，人各有所长，你如此羞辱人未免太不道德了吧！你能不能学着尊重别人，这样说话实在太毒舌了。"

第七章
委婉含蓄得人心，切忌口无遮拦

"我怎么毒舌了啊，你看你总是打不好，我教你你还不高兴了。再说了，你就是笨嘛，还不让人说了。"阿凯继续这样说道。

阿磊气得脸都绿了，最后转身就走，本来两个人的关系还不错，从这件事情之后，关系疏远了很多。

若是能有意绕开中心话题，即"绕一个圈子"，往往能减少很多矛盾和冲突，达到理想的效果。

著名作家二月河的"落霞三部曲"火了之后，他便宣布暂时歇笔，谢绝一切采访。某报社的一位记者联系上二月河后，刚跟对方提出采访的请求，就被二月河礼貌地拒绝了。

尽管记者吃了闭门羹，但是他没有放弃。后来，这位记者了解到，二月河正患有严重的糖尿病，在生活中，他对自己的女儿也是疼爱有加。

当记者弄清楚这些情况以后，再一次拨通了二月河的电话："您好！我是××报社的记者，很久以来一直想登门拜访，又怕给您带来不便，现在终于可以放心地给您打这个电话了。"

二月河听了，困惑地问这位记者："那现在有什么不同吗？"

记者慢条斯理地说："上个月，您的女儿告诉我，您现在身体恢复得不错，很希望重新回到以前的创作状态中，这让我们这些读者特别欣慰，也特别期待。最重要的是，您的女儿还特意叮嘱我，这个时间段可以给您打电话，她说您刚锻炼回来，正在品茶小憩。听得出来，您现在的心情一定很不错。我想请您出来坐坐，向您讨教几招健身秘诀。您可否指点一下呢？"

这一次，二月河终于答应了这位记者的采访。

相比初次采访时记者的直言遭拒，这一次，他无疑是做足了功课。待他了解了对方的喜好之后,再和对方聊一聊他最为关注的话题,谈话方式轻松愉快,自然也就冲淡了对方的防备心理。

说话也是一样,在人际沟通的过程中,我们免不了会碰到各种"刺儿",越是这种时候,越不能"直肠子",而应该想办法拐着弯儿、绕着圈儿、变着法儿地说,既让人心知肚明又避免直言犯忌。法国作家勒农曾说:"你不要焦急!我们所走的路是一条盘旋曲折的山路,要拐许多弯,兜许多圈子。我们时常觉得好似背向着目标,其实,我们总是越来越接近目标。"

绕圈子其实就是一种迂回的谈话技巧,当直言的"正面进攻"不能奏效时,不妨退一步,拐个弯,然后慢慢缩小这个圈子。一旦对方的话匣子被打开了,何愁绕不到圈子的中心,达不到自己的目的呢?反之,若是一味地硬碰钉子的话,只会让"刺"卡在自己的喉咙里,吃亏的终究是你自己。

当然,绕弯子并不是让人放弃,也不是甘愿后退,更不是圆滑世故,而是为了更快地接近目标,让生活中的事情变得更加温润、自然。

借他人之口,会有意外收获

在公司里,许静和毕亚宁是最要好的同事。许静是市场总监,毕亚宁是部门经理的助理。那天周末,许静和毕亚宁去商场购物,期间,毕亚宁看见许静心情不佳,于是关切地问:"许静,有什么心事吗？我看你有点儿愁眉苦脸的。"

"没什么大事，就是下周二我要陪经理去广州出差，很苦恼。"

"出差，多好的事情啊，我想去还没机会呢，你看看你真不知足啊。"许静却一脸忧伤："亚宁，你不知道，我体质不太好，而且我出差容易失眠，每次外出，我都睡不着觉，身体吃不消，然后第二天也没精力干活。"

"你还有这情况啊，你应该跟领导说一声，这么严重怎么可以忍着呢？"

"没办法，我是过敏体质，从小就这样，所以我很少出远门，一出去就上吐下泻的，体质不行。"

毕亚宁听了若有所思，说："许静，你别苦恼，上班时我帮你跟领导传个话就可以了。"

周一刚一上班，经理就把许静叫到了办公室说："许静啊，这次广州你不用去了，你看看你，啥事都硬撑着，要不是亚宁告诉我，我都不知道你的情况。"

平时我们跟人打交道时，有些话不方便说，有些话我们不愿明说，有些话我们不敢说，而还有些话我们即使说出来了，说服力与影响力也不够。在这些情况下，如果能借别人的口来表达出我们的意思与想法，那么，表达上要委婉含蓄很多，效果上也会好很多。其实，学会借别人的口说出自己想说的话是一种非常好的说话技巧，大家不妨注意一下。

老公阿宇连续几天晚上加班，回家都很晚，海珍不免犯疑心，想问问阿宇项目进展怎么样，和什么人一起吃饭，但是不好开口。其实，海珍知道老公最烦自己打听他工作的事情，更不喜欢自己的媳妇怀疑自己。这天晚上阿宇没有按时下班，婆婆从老家打来电话和海珍聊了几句。海珍灵机一动，想出了办法。

等阿宇回来，一身疲惫地坐在沙发上，海珍就说："下午的时候妈妈打电话了，问你最近怎么样，也不往家里打电话，还问你怎么这么忙，晚上也不早点儿回家，让你注意自己的身子，别太累了。"

阿宇就说："别提了，最近的项目终于快完事了，这段时间可把我累死了……"然后好像意识到好久没和海珍说话了，就打开话匣子："连饭都顾不上吃了，别看我们这么忙，本想还能出去吃点儿好的，结果忙得都没时间吃饭了，整天处理问题处理到很晚，大家都订餐凑合过去了。你们可别误会我啊，我可没有出去吃喝玩乐。"海珍赶紧说："我也没说你吃喝玩乐啊，只是妈妈说不要你老是在外面吃，说外面的东西不干净，怕对你的胃不好，以后我给你熬点儿粥喝吧，省得你吃些乱七八糟的东西伤了身子。"阿宇看到海珍这么体贴非常欣慰。

海珍是一个聪明的妻子，知道阿宇最烦自己打听工作的事情，就借婆婆之口巧妙询问，表达了体贴之情，又不会让阿宇觉得心烦，做得十分成功。聪明的妻子有时要学一学海珍的招数。

当遇到一些确实难办的事的时候，不如借他人之口，行自己之事。假借他人之名，虽然是假的，却不是欺骗，是为了让产生于工作和生活中的问题尽快得到解决。有时，求人办事不方便直说，就让第三方替自己说。借帆好远航，学会这点，求人之时就会省去许多麻烦。

第七章
委婉含蓄得人心，切忌口无遮拦

聪明的人做事知道借力、用力不费力，而会说话的人懂得借人之口达到自己的目的。借人之口可以做成很多事情，不用你直接出面，只要转述别人的话或者借他人之口来传达就可以达到询问、催促、提意见的目的，何乐而不为呢？

第一，找个"媒婆"来牵线。

"媒婆"是过去专门从事介绍男女青年相识，牵线搭桥的人。在现代生活中也有现代"媒婆"，他们喜欢在人们中间穿针引线传递各种信息。这种人普遍有着伶牙俐齿，善于察言观色，能说会道具有较强的处理交际关系的能力。朋友们，假如你懂得善用此类人的口，那你就能更好地把自己的需求传递出去，从而达成己愿。

第二，懂得操纵周围的舆论。

很多时候，身边的舆论就是我们求人办事的有力武器，只要我们能够合理利用、巧妙操纵，事情就能朝着有利于我们的方向发展。要知道，如果周围的舆论都有利于自己的话，办起事情来总是能顺风顺水，从而减少了许多坎坷和阻碍。

第三，灵活运用是关键。

当然，对于第三者提供的情况，也不能全套照搬，还要根据需要有所取舍，配合自己的临场观察、切身体验灵活运用。同时，还必须切实弄清这个第三者与被求者之间的关系。这一点非常重要，不然说不定效果会适得其反。

"曲线"一样能救国

每一个想要表达不同意见的人,都希望能得到肯定,但是如果你不懂得沟通的技巧,往往不会得到你预期的结果。

秦国攻打赵国,赵太后向齐国求援,齐国要求长安君(太后最宠爱的儿子)作为人质才肯出兵解围。赵太后不答应,群臣强谏,赵太后生气地说:

"再有人劝说让长安君去齐国当人质,我就当面把唾沫唾到他的脸上。"

群臣听后,都沉默不语,赵国势如危卵,局势相当严重。只有触龙仍请求见太后,太后还是召见了他。触龙见了太后,并没有开门见山地说明自己的来意,而是先问及太后的起居和身体状况,寒暄一番,让太后的心情逐渐平静。

触龙:"老臣的小儿子舒祺,最不长进,我年长了,最疼他,请太后看在我的份儿上,让他到宫里当侍卫,不知太后是否答应?"

太后:"好吧,他年龄多大了?"

触龙:"15岁,年龄虽小,但趁我没死前想求太后看在老臣一生为朝廷效力的份儿上,多担待小儿。"

太后:"男子也这么爱儿子吗?"

第七章
委婉含蓄得人心，切忌口无遮拦

触龙："比妇人更爱。"

"妇人比男人更爱！"太后笑着争辩道。

触龙："老臣本以为您爱燕后（赵太后的女儿，嫁于燕国为后）甚于长安君。"

太后："你错了，我更爱长安君。"

触龙："父母爱子女，总会为他们的将来做长远打算。你送燕后出嫁后，祭祀时祝愿她，希望燕后不要被休妻或燕国灭亡，是不是希望燕后能够安享荣华富贵终老？"

太后："是的。"

触龙："如今赵国后嗣继承王位之风日渐衰落，不是吗？"

太后："是。"

触龙："现在你疼爱长安君，给予他肥沃的土地，赏赐他金银财宝，而不让他为国建功，一旦您驾崩，长安君有何功劳可以使他当赵国的国君呢？"

赵太后想了一会儿就说："那就让长安君做齐国的人质吧！"

故事写的就是在强敌压境，赵太后又严厉拒谏的危急形势下，触龙因势利导，以柔克刚，用"爱他就要为他做长远的打算"的道理，曲折迂回说服赵太后，让她的爱子到齐国作人质，换取救兵，解除国家危难的故事。很明显，触龙是反对太后溺爱幼子忽视国家安危的行为的，但他看到太后正处于气头上，直谏反而不妙，于是就采取了以退为进、以迂为直的方法来间接地表达自己的意见，使太后得以领悟其中的利害关系和是非曲直，达到了说服太后的目的。而且，触龙也避免了直接触犯太后，给自己引来不必要的麻烦。这种委婉迂回、将反对话语绕着弯儿说出的说话策略，值得我们大家学习。

我们发现，通过其他途径巧妙表达自己的不同意见，反而更容易被人接受，原因其实很简单，迂回的方法很容易淡化矛盾，并转移争论焦点，减少领导对你的敌意，在心绪正常的情况下，理智占了上风，他自然会认真考虑你的意见，不至于先入为主地将你的意见"一棍子打死"。

生活中，人与人相处时，不可避免地会出现一些不同的意见和观点，这是很正常的事情。但是，如果我们表达观点时的方法不当，往往会令说话双方陷入尴尬的境地。可见，恰当地表达出自己的不同意见，既是一门艺术，更是一种必备的说话能力。

微软的创办人比尔·盖茨有一次在会议上大发雷霆，与会的高层主管看到老板发脾气，都不敢说话。

然而，一位华裔的女工程师却站起来说："我很清楚为什么您会有这么强烈的反应，在这件事情上，我以前也有过类似的感受。我现在发现，这件事情的经过是这样的……"

女工程师说完以后，比尔·盖茨的态度缓和了下来，先是沉默了几秒钟，然后跟众人说："既然如此，我们就照着她的建议去做吧。"众人看着这位华裔女工程师，眼中流露出了佩服之意。

我们可以预见，这位女工程师在微软的发展前景一定很不错，因为在不同的意见面前，她能够通过恰当合适的表达方式，引导别人从说"不"改为说"是"。

事实上，如何提出不同的意见是大有讲究的，这里介绍几种较为可行的方法：

第一，用商量的口吻和对方说话。

很多时候，在你坚持自己意见的同时，也要顾及别人的面子，这时就需要学会换位思考，用商量的语气取代命令或是过于绝对的语气。对方听了，就算不愿意否定自己的看法，也会认真考虑你的想法。毕竟只有你尊重别人，别人才会尊重你。

第二，用辩证的方式与对方进行交谈。

与对方说话时，先肯定对方的想法，再说出自己的想法，当然，也要表述清楚自己想法的依据或理由。这样一来，即使对方想要否定你，也会比较容易接受，而不至于让谈话气氛变得紧张，使对方难堪。

第三，表现出为难的样子，也是一种退让。

如果你与对方的意见分歧比较大，在你说出自己的想法之前，不妨表现得犹豫、迟疑，给对方一个心理准备，也许对方就会让你说出自己的想法。很多时候，表现出勉为其难的样子，也是一种退让。

第四，借对方的观点引出自己的观点。

从对方的观点中逐步推测出可能出现的状况，从而引出自己的看法。当然，前提是要尽可能多地找出对方观点的不足，并且一定要实事求是，不能随便捏造。

第五，借助同类事情支撑自己的观点。

如果你觉得直接说出自己不同的观点比较为难的话，可以借助一些发生过的类似的事情来说明自己的观点，也就是用事实来说话。

换个说法，照顾对方的面子

与人说话，你不能过于耿直，说话要经过大脑。有些话到底怎么说才能达到理想的效果？其实，很多时候应该说出的话不是开口就能说好的，需要在头脑中思考一下，当你深思熟虑之后，你说出的话一定比你不经思考就说出的话更能打动对方的心，效果也更好，所以说，很多时候，这个弯子还是必须得绕的。

凯文是某家公司的总经理，他有一位年轻漂亮的女助理，叫戴芳。但是凯文发现他的助理戴芳对待工作十分粗心，经常出现差错。

有一天，凯文看见戴芳走进办公室，就对她说："戴芳啊，你今天的衣服可真漂亮，很适合你这种年轻漂亮的女士穿。"助理戴芳顿时受宠若惊。

接着，凯文又说："可是，千万别自满啊，我相信你工作的能力也会像你本人这么漂亮。"

果然，从这天起，女助理戴芳在工作的过程中细心了不少，很少出现差错。

董事长知道这件事情之后，觉得很奇怪，他问凯文："凯文啊，你真是有法子啊，你是怎么想出来的呢？"

凯文说："董事长，其实并不难，你注意到理发师给人刮胡子

第七章
委婉含蓄得人心，切忌口无遮拦

吗？他总是先给人涂肥皂然后再刮，就是为了刮起来使人感到不疼。说话也是这个道理。"

委婉并不是每个人生来就会的，委婉代表着一个人的成熟与体贴。一个成熟的人在每个场合都会替别人考虑，有时还能含蓄地表达自己的意见，避免太过直接而伤害到对方的感情。所以，善于委婉地说话，也是一种与人相处的技巧之一。

委婉含蓄是一种巧妙和艺术的表达方式。当我们很想表达一种内心的愿望但又难以启齿时不妨使用含蓄的表达方法。它有时要比口若悬河更能达到正确表达的目的，从而收到令人满意的效果。

若若的家庭条件比较优越，她的爸爸是某单位的一位局长，若若从小就是被宠爱的小公主。陈海是个年轻的小伙子，大学毕业之后凭自己的本事来到了现在的单位，虽然现在只是一名小科员，但是他努力上进，是一名很有潜力的职员。陈海家是农村的，在大城市也没什么靠山，若若在和陈海谈恋爱时，总是显示出她在某方面的优越感，认为她各方面比陈海都优秀。

谈恋爱之后的一段时间，若若到陈海家做客，她总对陈海家人的某些生活方式流露出不顺眼的情绪，而且还不断地在陈海耳边嘀嘀咕咕地发牢骚。特别是吃过晚饭后，把小姑子使唤得团团转，一会儿是让小姑子收拾床铺，一会儿又是让小姑子洗洗毛巾，可以说是当作一个仆人用了。陈海看在眼里，痛在心上，觉得很不高兴。但也不宜直接说，他就借助这个机会笑着对妹妹说："小小啊，这是你锻炼的好时候啊，想要当师傅你就得从徒弟做起，以后你长大了，找了男朋友，去对方家的时候就会摆架子了。"

听到陈海的话，若若感受到了他的言外之意，也深知自己的行为是没有素质的表现，从此之后，她收敛了很多。

大家应该明白，如果直言批评若若，那若若在陈海家毕竟下不来台，而且一定会把关系闹得非常尴尬，这并不是理想的劝说技巧。很显然，案例中的陈海很聪明，他是巧妙地运用"旁敲侧击"的委婉方法来达到阻止若若任性行为的目的。"旁敲侧击"不是直接说出某一件事物、某一个人、某一种观点，而是仅说出与它们有关联的方面，让对方猜测言外之意，最终达到说服人的目的。间接地、隐蔽地给人以启示、教育，这正是"旁敲侧击"的特点。如果你在生活中遇到某些不方便直言的话，你不妨试试"旁敲侧击"的委婉劝说术，相信这定会让你的说话效果好上百倍。

委婉含蓄，说话不能直肠子

一个聪明的说话者一定懂得，说话讲究的是曲径通幽的含蓄美，说话委婉、渐进推行，这样才能更轻松地达到目标。人际交往中，一些人认为话要直说，直接表明自己的想法，亮出自己的底牌，不啰嗦，沟通效果才会立竿见影。其实，直言直语就是一把伤人伤己的双面利刃。

你要知道，在每个人的心里都有一个堡垒，真实的自我就藏

第七章
委婉含蓄得人心，切忌口无遮拦

在里面。你的直言直语往往会把别人的堡垒给攻破，把对方从里面揪出来。而且在人际交往中，人们总有一些不便说、不忍说，或者是由于语言环境的限制而不能直说的话。因此，说话时要尽量委婉含蓄一点，能不说就不要说，要说就拐个弯，点到为止。

某女经常跟同事大倒苦水，说老公从不干家务、不看孩子，甚至还埋怨老公工作上不思进取，经常惹她生气。如果同事一时气盛，跟着该女子痛快地骂了她老公一通，那么，诉苦的女子很可能非但不领情，还会记恨同事一阵子。

这又是为什么呢？因为某女说的只是气话，在她的心里，那个男人还是自己的丈夫，谁听见别人骂自己的家人心里能好过？如果同事真心替她考虑，就应该劝劝她维持好一个和谐的家庭，而不是彼此埋怨对方，让夫妻关系变得更糟糕。

著名的成功学导师戴尔·卡耐基曾指出：间接指出别人的错误要比直接说出口来得温和，且不会引起别人的强烈反感。委婉含蓄的语言既是劝说他人的法宝，又能照顾人们的自尊心，容易产生情感上的共鸣。换而言之，委婉含蓄的语言就是一个人成熟、稳重的表现。

相比直接明白的表述，委婉含蓄的暗示往往更有回旋余地，更加耐人寻味。说话委婉含蓄的人，善于用曲折婉转的暗示，让听者明白自己的本意。

生活中，很多人都有过这样一种体会：当你有求于他人时，如果一见面便提出比较高的要求，往往极易遭到拒绝；倘若你先提出比较低的要求，等他人同意之后再伺机提高要求，一般会更容易达到目标，这就是委婉含蓄的沟通效果。

再比如，如果有人办起事情来犹豫不决，那么，你不妨委婉地对他说："你这样前怕狼后怕虎的，跟你平时不一样呀！"或者说："你是个很有决断力的人。"谈话时，先给对方戴上他应该具备的优点的高帽子，并予以鼓励。由于已经给对方一个良好的"形象定位"，所以他会为此努力奋斗，并且改变目前的做法。相反，若是跟对方直言"你这个人真笨，什么事情都办不好"，那无异于一棍子把对方给打"死"了，对方也就丧失了勇气和信心。

很多时候，虽然直言不讳、开门见山的谈话简单明了，但是很容易伤害对方的自尊心，而说话委婉含蓄之人，不仅可以把自己的意思很好地表达出来，让对方清楚地理解，还能使对方愉快地接受。

因此，在人际交往中，要想取得良好的沟通效果，不妨委婉含蓄地表达。同样一句话，直白地说和委婉地说，结果会大不相同。相比口无遮拦、直截了当，委婉含蓄更能体现一个人的语言修养。

巧用沉默，沟通更有效

在恰当的时候沉默也可以成为有效的沟通工具。

在某城市的早高峰，一对中年夫妻怎么也绕不出地铁站，听口音像外地人。排在中年夫妻后面的一位小伙子一看，原来他们买的是临时卡,需要把卡插进出口的机器里面才能出去。

善良的小伙子帮这对夫妻完成了这一系列操作,但是当两个人发现车票没有出来时,竟然和他吵了起来,因为这样他们就不能换乘了。

事实上,这对夫妻想要换乘的话,必须先刷卡出站,再重新购票,但是由于他们不知道这套程序,所以显得非常生气。两个人责怪起刚才帮助他们的这位小伙子,说他多管闲事,非拉着他的胳膊不让走。

情急之下,那位小伙子直接从包里拿出四枚硬币放在那个男人的手里,然后叫来工作人员,简单说明了情况,就头也不回地走了。

假如遇到这种事情的人是你,也许会觉得自己很委屈,试图证明自己是对的。但是,你可想过,就在你为自己大声辩解、剑拔弩张的时候,大家反而会觉得你是在无理取闹。更何况,每个人天生都有同情弱者的心理,所以说,故事中的小伙子对这件事情的处理方式才是更理智、更可取的。

在某些情况下,语言的确很无力,任何解释都会显得很苍白,而沉默才是最有力量的。这个社会,并不会因为你声音大,就让你更受重视,而是更多地取决于你所处的位置和贡献的价值。

安迪所在的公司最近出了一些事情,设计部的文案专员小美离职了。小美在职时,与她直属上司的关系处得不是很好。有时候,跟安迪吃一顿午饭,能抱怨一个小时。后来,小美对上司的不满情绪已经严重影响到她的工作。最后,小美还是离职了。

说实话，安迪也领教过小美的直属上司，她的做事风格确实过于较真，总是咄咄逼人。有一次，安迪和她一起汇报工作时，对方把某些本不属于安迪的工作推给了她。当时安迪真的想反驳她，但最后还是选择了沉默。安迪明知她总是得理不饶人，如果反驳她，那双方一定会在领导面前争执起来，这明显不是个明智的选择。

小美听后感叹地对安迪说："这就是你比我聪明的地方。"

学会沉默有时比学会说话更重要，尤其是在面对各种误解时。即使你吵赢了，但输了风度不说，也疏远了关系。所以，适当的时候，学会闭嘴，少发表意见，可能会更好一些。毕竟每个人的成长环境不同，思维方式也不一样，你不能控制别人的想法。与其这样，不如学会沉默。当然，沉默并不是让你忍气吞声，而是回归自己的内心，用更理智成熟的方式来解决难题。

第八章

晓之以理,轻松说服对方

步步为营,慢慢让对方进你的"套"

大量的心理学研究实验证明,如果我们提的要求与对方的原有态度差距过大,对方会感到难以接受,甚至会产生反作用。如果小步地提出要求,不断缩小差距,则人们较容易接受。所以要改变人们的态度,不能操之过急,最好逐步提出要求,积小步为大步,这才是劝说的高明之策。像行军打仗一样,步步为营,才能稳中求胜,也容易形成排山倒海的气势。

战国时期,齐国有个大将叫田婴,他要在薛地建筑城墙,门客纷纷劝阻,他执意不听,并吩咐手下的人,拒绝接见一切来劝说的人。当时,齐国有个人,知道找田婴直接劝阻很难,于是就请求向田婴说三个字就完事。并保证:"如果多说一个字,就请把我烹死。"

田婴听说这人只说三个字,如果不答应岂不显得太不近情理了吗!于是接见了他。他见到田婴就说:"海大鱼。"说完便走。谁知,这一下田婴倒想知道"海大鱼"是什么意思,就说:"客人留步。"

客人说:"我可不敢拿死当儿戏。"田婴说:"没关系,请讲下去吧。"客人说:"你没有听说过大鱼的故事吗?那大鱼在海里,网捕不住,钩不能钓,但它如果脱离了水,那么蝼蛄和蚂蚁都可

第八章
晓之以理，轻松说服对方

以对它任意欺凌。现今齐国，也就如同您的大海，您长期得到齐国的庇荫，还筑薛城干什么？如果失去了齐国，即使把薛城筑得天那样高，依然没有用。"

田婴恍然大悟："说得有理。"于是停止在薛地筑城。

如果一个人在谈话这方面比较有才，那他往往会在很短的时间内就能让自己的目的达成并成效显著。为何呢？因为他比较擅长把握对方的心理，让对方一步步进入自己的"圈套"。

西屋电气公司的销售经理约瑟夫·艾利逊曾经说过他这样一段经历。他说："在我主管的业务区域内，住着一位大型企业的老板。在过去的十年里，我们公司都在努力地向他推销我们的产品，但却始终未能如愿，后来，我接管了这片区域，在他身上花费了三年的时间，也不见任何起色。

"也许是我们十三年的不懈努力打动了他，最近，他象征性地买了我们公司的几台发动机。我认为，只要这几台发动机的品质令他满意，那么，他以后一定会买我们更多的发动机，局面就会打开了。

"尽管我了解我们公司的发动机的品质，不会出现任何故障，但在三周以后，我还是以检测发动机性能为名，再次去拜访他。本来我是满怀信心地去的，但事实表明，我高兴得太早了，因为受他安排而接待我的工程师的第一句话就令我吃惊。

"见到我之后，那位工程师说道：'我想我们不会再买贵公司的发动机了。'

"我心头一震，立即追问：'为什么呢？'

"工程师回答道：'这些发动机散热太差了。你看看，我都不

敢将手放在上面。'

"我明白，如果与他发生正面争辩，我就完蛋了，不会得到任何好处，在过去我干了太多这样的蠢事，今天我需要换个方法。

"于是，我说道：'我完全同意你的观点，我也认为散热性能不好的发动机的确不能再买了。我想，你需要的发动机应该是散热性能符合国家电气协会规定的标准的，对吧？'

"他完全同意我的意见，回答说'是'，我得到了第一个'是'的回答。

"我继续说道：'根据国家电气协会的规定，只要发动机的温度高出室温的华氏72度之内，就是符合标准的，对吧？'

"他点头表示同意：'是的，是这样。问题是，贵公司的发动机已经超过了这个标准。'我依然没有争辩，只是继续问他：'厂房现在的温度是多少？'

"他想了一下，回答说：'大概在华氏75度上下。'

"我松了一口气，说道：'厂房的温度是华氏75度，国家电气协会规定的温度是华氏72度，这就是说，如果发动机的温度在华氏147度之下，就是合理的。如果将手放进烧到华氏147度的热水中，怎么能不被烫伤呢？'

"他继续回答'是'。

"我说：'既然如此，我认为你不要触摸发动机，就不会被烫伤了。'

"他笑了起来，承认我说的是对的。就在这一天，他们又订购了我们公司价值三万多美元的产品。"

2000年前的希腊大哲学家苏格拉底发明了一种叫"苏格拉底的辩证法",就是"得到对方的'是'的反应"的说明方法。他问的问题都是得到反对者的同意,使对方不断地说着"是",无形中把对方的"非"的观念改变了过来。让对方多说"是",你就更容易消除对方的不信任;多说"是",你就更容易拉近彼此的距离;多说"是",你就更容易说服对方。

那么,在日常的交际中,我们应该如何步步为营地来说服对方呢?

第一,不要一开始就说些模棱两可的事。

在和别人交谈时,不要一开始就谈论一些模棱两可的事情,一定要强调你们都坚持的事情。记住,一定要不断地强调它,强调你们双方都坚持的目标。引导对方意识到,即使你们在一件事情上有不同的意见,只是在方法上不同,而不是目标。

第二,选择性提问,让对方进入你的"圈套"。

在一个问题中提示两个可供选择的答案,两个答案都是肯定的,让对方没得选。例如,想要与对方约定见面,可以问:"您看我是明天上午十点还是十一点过来接你?"很多问题都可以设计成这样的方式,尽量让对方给出一个肯定的回答。

第三,说服中要掌握好对方的情绪。

在说服过程中,掌握好对方的情绪也非常重要。在说服的过程中有很多理由让对方说不,但对方也有自己的看法,如果发生冲突,又没有控制好情绪,往往会造成两败俱伤的后果,更不要说可以成功地说服对方了。

有参与感，对方更易信服

一旦人们心里有了强烈的参与意识，那么，无论什么事，就都像是他们自己的事一样，在不知不觉中，他们的工作态度和干劲就逐渐好转起来，我们就很容易说服他们。

美国的心理学家进行过这样一个实验：实验者登门拜访许多家庭主妇，希望她们支持一项宣传交通安全的活动，只要求她们在一张请愿书上签个名，并告诉她们这个请愿书将交给参议员，使他们为立法鼓励安全行车而努力。被访问的妇女几乎都同意签名。几星期后，另一些实验人员又去要求许多妇女在她们家的庭院草坪上立一块写着"谨慎驾驶"的大牌子。

结果，以前同意签名的妇女中有55%的人同意立大牌子，而起先未被要求在请愿书上签名的大多数妇女（83%）都拒绝了这一要求。

这个实验说明，即使对方对这类事情完全不感兴趣，但如果能在一开始就让对方成为参与这类事情的人，他们就会产生对该行动的态度，即觉得自己对参与的活动负有责任，这就消除了以后从事类似活动的对抗心理。所以，当随后再提出与此类事情相关的要求后，对方就感到不难接受了。

这也告诉我们，在说服中让对方参与的重要性。事实上，这种共同参与的意识能让人与人之间建立起深厚的友谊。道理很简单，两个一起同甘共苦过的人，感情自然就会很深。即使在陌生人之间，只要有过共同参与某件事情的体验，也会马上成为好朋友。

注意到人的这层心理后，如果我们想说服某个人，具体做法就是让他参与某事或共同行动。例如，对一些意志消沉的员工，如果能让他参与从未参加过的会议，很快，我们就会发现这些平日里工作懒散的员工，此刻却充满干劲。一旦人们心里有了强烈的参与意识，那么，无论什么事，就都像是他们自己的事一样，在不知不觉中，他们的工作态度和干劲就逐渐好转起来。

身为服装设计师的杜婉，她的工作就是把自己设计的服装草图售卖给服装设计师和成衣厂商。

几年来，杜婉每周都去拜访本市一位著名的服装设计师。"他从没有拒绝见我，但也从没有向我买东西。"杜婉说道，"他每次都仔细看过我带去的草图，然后就说：'对不起，杜婉，我们今天又做不成生意啦！'"经过一百多次的失败后，杜婉体会到一定是自己的推销方式有问题。

为此，杜婉采用了新的推销方式：她把几张没有完成的草图夹在腋下，然后去见设计师。"我想请您帮点小忙。"杜婉说道，"这里有几张尚未完成的草图，可否请您帮忙完成，以符合你们的需要？"设计师一言不发地看了一下草图，然后说："把这些草图留在这里，过几天再来找我。"

过了几天，杜婉去找设计师，听了他的意见，然后把草图带回工作室，依着设计师的意见完成。结果呢？全卖出去了。"我知道为什么多年来我不能把东西卖给他了。"杜婉说道，"我一直希望他买我提供的东西，这是不对的。后来我要他提供意见，他就成了设计人。他的确是的。最后，不是我一定要把东西卖给他，而是他自己买了。"

相信没有人喜欢被支配，或被强迫去做一件事。这是我们行事的一个原则。一个促使人们被说服的秘诀是：让别人觉得那是他们的主意。有些时候，我们无法让对方直接参与到某件事中，这时如果能用一种"间接"的方式让对方参与进来，也会大有益处。

比如说，在学校里，对一些在课堂上吵闹的学生，大多数老师是以训斥的方法使学生暂时安静下来，但这种方法会令教室内的气氛顿时变得紧张，从而影响学生上课的情绪。

一些上了年纪、有经验的老师却不会这么做，他们反而会有意无意地指点那些顽皮学生邻座的同学读一读课文或问一些问题，那些吵闹的同学便立刻安静下来，并且集中了注意力。这也可以说是间接说服的方式，提醒他们参与上课的意识，而且也不会产生紧张的气氛。这种做法也适用于会议中。

在会议中，总有一些人对会议的参与意识十分低落，在会上半句话都不说，而对于会议的结论，又总是采取一种无所谓的消极态度。若是要他们发言，通常也不会有什么好的意见，所以用直接点名发言的方式，不一定起作用。

这时，我们若想说服他们积极地投入到会议中，不如集中指点其左右的人来发言，这样也可以提高他们的参与意识。因为他们觉得左右的人都相继发言了，自己也不好意思再继续保持缄默。这种心理反应对迫使他们积极发言最具效用，也不会产生直接点名带给他们的难堪和反抗心理，这样，我们的会议就会进展得比以前更顺利了。

把话说清楚才能让人信服

聂先生是一名演讲家，有一次，他同时接到两家研习机构的演讲邀请函。一时之间，他无法决定接受哪家的邀请。不过，听完了两位邀请者在电话里的说辞后，他很快就做出了选择。

第一位邀请者在电话中是这样说的："请先生不吝赐教，为本公司传授说话的技巧给中小企业管理者。由于我不太清楚您所演讲的内容为何，就请您自行斟酌吧。听众大概不超过一百人。拜托了！"

而第二位邀请者的说辞是这样的："恳请先生不吝赐教，传授一些增强中小企业管理者说话技巧的诀窍。参加的对象都是拥有大约五十名员工的企业管理者，预定听讲人数为七十人。

"此次恳请先生前往演讲的主要目的是希望让所有研习者明白，不能清楚表达自己想法的人，无法成为优秀的管理人才。希望演说时间能控制在两个小时左右，内容锁定在三个方面：第一，学习说话技巧的必要性；第二，掌握说话技巧的好处；第三，说话技巧的学习方法。希望您能带给大家一次别开生面的演讲。万事拜托了！"

很显然，第二位邀请者的说话方式要比第一位的好一些，因为那能带给受邀者好感。而事实上聂先生也是这么认为的。

聂先生认为，第一位邀请者说话时平淡无力，缺乏热忱。给人的感觉，便是一副为工作而工作的态度，让人感受不到丝毫的热情，也给他留下了相当不好的印象。此外，对方既没明确地提示聂先生应该做什么，要做到什么程度，也没有交代清楚听讲人数，这让聂先生如何决定演讲内容呢？

而第二位邀请者的说话方式则完全不同。聂先生可以清楚地感觉到这个邀请者办事明快干练、信心十足，完全将他的热情毫无保留地传达给了自己。更重要的是，对方在他还没有提出问题的情况下，就解答了所有的疑问。

听完第二位邀请者的话，聂先生的脑海里立刻就浮现出自己置身于讲台上的情景，并且很快就能够想象出参加者的表情，以及自己该讲述的内容等。

从案例中就可以看出来，第一位邀请者失败的最主要原因就是不能清楚地表达自己的意思。而第二位邀请者则清晰地表达了自己的目的，因此得到了聂先生的赞赏和认可。

由此可见，具体说明你所想表达的内容，让被说服者更加清楚地理解你的意思，知道这些对于说服工作的重要性。那么，我们究竟应该怎样说服对方呢？

第一，使用确定性词语，少用模糊描述。当你打算说服一个人的时候，尽量不要使用模糊的说辞，像"大概""可能""也许"之类的词语，会让你的说服力下降。

你应该试着清楚地描述事情的原委，表达自己的目的。像

"如此一来不就大有改善了吗"之类的话，能够更进一步深入话题，好让对方能够充分理解，可以经常使用。

第二，使用生动性描述，少用专业术语。为了让你的描述更加生动，少不了要引用一些比喻、实例来加深被说服者的印象。适当引用比喻和实例能使人产生具体的印象，能让抽象晦涩的道理变得简单易懂，甚至使你的主题变成更明确或为人所熟知的事物。

如此一来，就能够顺利地让你的观点在对方脑海里产生鲜明的印象，也就更容易说服对方。

第三，告诉对方能得到什么利益。与其讲"赶快将这件事做完"，不如说"如果你能够尽快把这件事做完，那就会有充足的时间来做下一件事"。现在虽然辛苦一些，但是做下一件事时则会有充分的时间，对当事人来说，这无疑是一种很大的诱惑。

"倘若按照我说的去做，该产品绝对省时省钱，美观大方，又有销路……"这样的话，将不断刺激说服对象的欲望，直到他跃跃欲试为止。

因此，在说服前，你必须能够准确地揣摩出对方的心理：他在想什么？他惯用的行为模式是什么？现在他想要做什么？针对对方的喜好，说明具体的好处，将会让对方对你的建议感兴趣。

第四，告诉对方该如何行动。光有理论分析是不行的，方法非常重要，如果没有具体的操作方法，你的说服力将会大打折扣。因此，你要让对方明了：他应该做什么？做到何种程度最好？到了这一步，对方往往就会很痛快地按照你的指示去做。

总的来说，清楚的表达能力是成功说服中不可缺少的要素，对方是否能够轻轻松松地倾听你的想法与计划,取决于你如何巧妙运用你的语言技巧。

另外,除了上述几点之外,说话速度的快慢、声音的大小、语调的高低、停顿的长短、口齿的清晰度等都不能被忽视,还有适当的表情、肢体语言等辅助手段,都将影响表达的清晰度。

不可否认,高深莫测的谈话,也许能够唬住一些人,从而达到说服的目的,但是这样做也容易引起人们的疑虑。事实上,清晰的表达对于说服会更加有利。清楚的表达,可以让人更快明白你的意思,而具体的好处、做法和目的,将消除被说服者心中的疑虑,这将有利于你的说服。

察言观色说服别人

求人办事的过程就是说话的过程。能说、会说非常重要,而且懂得察言观色,善于抓住开口的时机也非常重要!

尹杰看上了一套房子,但是自己手里的钱不够,就想着从自己的同学兼好朋友郭伟那里借两万块钱。因为最近郭伟生意上接了一个大单子,挣了不少钱。

尹杰来到郭伟的公司,见他笑意盈盈地跟自己的下属分配任务,看来今天心情不错。于是就在他办公室外的沙发上安静地等他处理完事情。

过了一会儿,尹杰看郭伟处理完了事情,在那儿哼着小曲,

第八章
晓之以理,轻松说服对方

悠闲地喝起了咖啡,于是就敲门走了进去。一见面,尹杰就客气地说:"郭哥,看你春风满面的样子,最近生意不错啊。"

郭伟听到尹杰这样说,谦虚地回答:"哎呀,小杰,你就别埋汰我了,也就挣了点儿小钱。"

"小钱,可不是吧。我听说由于最近物价上涨,你原来从工厂里低价拉的十万件水一下子就成了抢手货。按市场的需求来说,你这一件水只是差价就挣了四块多,还不算工厂里对你的奖励。这样算来,你这次最少挣了四十多万,真是比我们这些上班挣死工资的强多了,大家都说你是咱们班里最有出息的人了!"尹杰越说越兴奋,脸上的赞美和佩服之情溢于言表。

听了尹杰的赞美,郭伟脸上更是洋溢着喜悦:"大家真是过奖了。不过说起挣钱,我还真有自己的一套理论。当初你们大家毕业后都纷纷选择上班,只有我一个人选择了经商。当初还有许多同学为我放弃一个月四千块钱工资的决定而惋惜。你看现在物价上涨得这么快,瞧瞧那些拿死工资的,哪个日子过得不是紧巴巴的。"

"是呀,你就比如我吧,一个月七千块钱,听起来不少。可是除了吃花,每个月剩不了几个钱。你看现在房价都涨到了七千多了,我一个月不吃不花,才够买那一平的房子。"尹杰一边赞同似的点头,一边大倒苦水。

"嗯,现在房价是挺贵的,不过据我的可靠消息说,往后房价还会再涨的。咱们市区的房价过万是最终的一个发展趋势。你不是也没有房子吗?攒了这么多年的钱,别放着了,越等越贵。"郭伟替尹杰分析道。

听了郭伟的话，尹杰顺势说道："郭哥跟我想到一块去了，你也支持我赶紧买房子吗？"

"支持，必须支持！"郭伟信誓旦旦地说。

"说实在的郭哥，我前两天还真的看上了一套房子，位置什么的都挺喜欢。但是价格比我预估的高，我自己准备的钱还差了两万。今天来就是想看看你能不能先借给我两万块钱，我过四五个月就能还给你！"尹杰见时机已经成熟，就将自己来借钱的请求说了出来。

郭伟本来心情就不错，听了尹杰的话一拍胸脯回答道："老同学，包在我身上！不就两万块钱吗，即使你现在要借十万我也能拿得出手。等一下我就让会计把钱拿给你！还钱的事你也不用着急，什么时候有什么时候还！"

你看，尹杰正是抓住郭伟心情好这个时机，才能够成功从他那里借到钱。

一个情商高的人，或者是会说话的人总是善于利用各种机会来说服别人。求人办事，一定要选择好开口的时机！当你遇到以下几种情形时，千万不要急于向别人说出自己的要求。

第一，对方正处于麻烦的事情中。

这个很容易理解，当对方正为自己的麻烦事情而烦恼，或者为某一件事忙得不可开交、分身乏术的时候，你去求他办事。即使是他能为你办，他也不会答应你的，没准儿还会觉得你"没眼力劲儿"，白交了你这个朋友，使你得不偿失。

第二，对方心情不好的时候。

每个人都会由于这样、那样的事情而心情不好。当一个人心情不好的时候，只想自己安静地待一会儿，或者是想找个人发一顿脾气。当人家心情不好的时候，你就不要再拿自己的那点儿事情去烦他，往枪口上撞了。

第三，对方劳累的时候。

人在劳累的时候最想做的事情就是休息，或者是让自己放松一下。你在这个时候去打扰对方，会显得非常不礼貌。对方跟你谈几句话可能就没有耐心了，兴许还没等你把自己的难处或者诉求说出来，人家已经对你下达了"逐客令"。

第四，对方完全没有想跟你说话的意思时。

对方不想跟你说话有两方面的原因。一方面是他自己心情不好，太累了，想休息休息。此时你应该注意察言观色，不要在这种时候去打扰对方，应该寻找合适的机会再次向对方表明自己的来意。另一方面可能是由于人家听了你的诉求后，本来就不愿意帮助你，不愿再听你说下去。此时，你还多说什么呢！

所以，求人也要掌握一定的"势"，当形势不利于自己的时候，要懂得乖乖闭嘴。当形势有利于自己的时候一定要懂得抓住时机，当机立断！

顺着对方的"面子"说话

人都是有自尊的，越是有能力的人自尊心越强，越好面子，他希望得到更多人的认可和赞同，他会非常在意由自己的一贯形象而带来的一切社会效应,并加以维护。因此,在寻求别人的帮助时,如果能巧妙地利用对方"好面子"的这个特点,就能为自己在说服别人时铺路搭桥!

李宁是一位轮胎厂的实习业务员。无意中他得到了当地一位汽车生产厂家总经理的名片。经过多方打听,他发现这个汽车生产厂家规模不大,但是轮胎需求量却非常大,因为他们家在下线还有二级批、经销商。因此,他非常希望能得到来自这家汽车厂家的订单。

但是,李宁只是一个入职不到三个月的实习业务员,如何有能力去说服这个总经理呢!因此,李宁想到,只有他们部门的销售冠军史翔才有把握说服自己的这个难搞的客户。但是,史翔这个人为人非常傲慢,从不轻易帮助别人,即使是经理要求他做什么事情,也要看他的脸色。

中午,天气非常热,大家都不着急出去跑客户,一个个都在办公室里喝水,聊天。

"唉,我昨天遇到了一位有史以来最难缠的客户!"李宁唉声叹气地向大家说。

"怎么了?你最近业绩不错,什么样的客户能把你难成这样!"大家都关切地问。

"我是说真的,这位客户思想非常顽固,态度强硬。我敢说咱们公司没有人能说服得了他!"李宁继续添油加醋。

"小李,说大话可不能不考虑后果呀!咱们公司可是卧虎藏龙,人才辈出,我就不信没人能制服得了他!"公司里业绩一直名列前茅的孙伟说。

第八章
晓之以理，轻松说服对方

李宁明白孙伟的意思，但是他打定主意要公司的销售冠军史翔帮助自己，因此故意说："孙哥，别说你了，就连咱们公司的销售冠军，我敢说都没把握把那人搞定！并且那个客户还放出话来，说咱们公司没有有能力的人！"

听了李宁的话大家纷纷把目光转到了一直没有说话的史翔身上，气氛有那么一分钟的尴尬。只听史翔缓缓说道："谁说咱们公司没有有能力的人了，这话是那个客户亲口说的？"

终于，李宁让史翔打开了话匣子，故作镇定地说："当然是他说的，是他把我撵出来的时候对他身边的员工说的！"

见李宁这样说，史翔再也按捺不住心里那团高傲的火焰："这个周末我不休息了，陪你走一趟，我就不信说服不了他，看他还敢张狂！"

在史翔的帮助下，李宁顺利说服了那位客户，签下了那笔订单。

正是由于李宁善于利用史翔争强好胜、好面子这个特点，言谈话语间含沙射影，才能顺利地说服他帮助自己。

王乐是一位总经理助理，人长得斯斯文文的，却非常能干。有一次，他陪总经理跟一个大客户吃饭。经理好话说尽，该做的承诺也都做了，但是那位客户就是吹毛求疵，不肯在合同书上签字。

没有办法，总经理就只能用一些轻松的话题把他的注意力拉到吃饭上面，避免冷场。

席间，那位客户赵总说起了"炸弹"这种啤酒。他说："这是一种德国生产的啤酒，酒性比咱们的白酒还要烈，就连我这个号称'喝遍天下无敌手'的人也最多喝一杯就倒了。我敢说,在座的各位没有一个能喝完一瓶的!"

听了赵总的话,王乐自告奋勇地站起来说:"赵总,如果我能喝一瓶的话,您有什么奖励!"

赵总见王乐从吃饭到现在一直滴酒未沾,即使是能喝酒,看他那文弱的样子,酒量肯定也好不到哪里去。

因此就信誓旦旦地说:"如果你能喝了这瓶酒,并且喝不醉的话,我立刻跟你们公司签约。在座的各位都能给我作证!"

听了赵总的话,王乐拿起酒瓶子一饮而尽,整个过程用了不到二十秒,而且喝完了还能跟大家开玩笑。

原来,王乐在来现在的公司做助理之前,一直在德国的啤酒公司做销售。这个酒正好是当时的厂家生产的,自己早就喝过不知道多少回了,对它已经产生了"免疫"。

赵总见王乐真的说到做到,震惊之余,只好乖乖地兑现了诺言,与他们公司签订了合同。

正是由于王乐在自己有充分把握的情况下,懂得利用客户"好面子"的心理,才能够顺利地与他们签订合同。

其实,在我们的日常生活中,好面子的人比比皆是。在中国社会,如果是遇到"下不来台"的场合,人们情愿损失一部分利益,也要维护自己的面子。

因此,如果你在说服别人时遇到了瓶颈,不妨试试"逼上梁山"这一招,也许可以起到决定性的作用!

分一杯羹，让说服变得更简单

在日常交流、交往中，有许多事情都需要我们去寻求别人的帮助，当今社会不求人办事是不可能的。比如你是一个希望找到一份合适工作的待业青年，或者你家里有急事，需要用一大笔钱……很多情况都会促使我们寻求帮助。

怎样说服别人让他帮忙，就像做生意一样，懂得"让利"，你们的关系才会更牢固，更长久。

"让利"就是在寻求对方帮助的时候做出一些交换，或者是有利于他的允诺，这种允诺既可以是金钱方面的也可以是事业上的。

黄坚是一家电子商务公司的电器类商品部门的分销经理，胡军则是后勤部主管维修的经理。

有一次，黄坚挖掘到了一位潜在的客户。这位客户在公司其他人看来，表面上毫无利益可言。因为他对于产品的售后服务要求特别高，这些服务无形中增加了公司的成本。但是黄坚的经验告诉自己，这将是一个大单子，只要踢好了"敲门砖"，接下来的合作会既轻松又简单。但目前来看，按照客户能接受的价格，自己的理由如果不充分的话，上报到公司高层主管那里，肯定不会被通过。

因此，黄坚就想到了维修部的胡经理，想让他跟着自己去客户那里走一趟，实际考察一下客户的情况，看看实际的售后服务成本会不会比想象中的少一点儿，顺便说服主管们同意，顺利拿下这个单子。

黄坚来到胡军的办公室，看到他正忙得焦头烂额，安排手下的员工处理来自各个区域的维修电话。

于是，他就安静地待在办公室的沙发上，耐心地等着。不知不觉，快到了下班的时间，黄坚一抬头，看到胡经理似乎已经处理完了手上的工作，正准备回家。

"胡经理，请留步，我有事情需要你的帮忙！"黄坚大步向前，走到胡军的面前。

等到黄坚将自己的来意表明后，胡军为难地说："黄老弟，不是我不帮你。公司里有这么多的销售经理，如果人人遇到这样的事情都来找我，那我还不得要忙死。而且今天已经是星期五了，周末我还有点儿事，真的抽不出时间来陪你去呀！"

"别介呀，胡经理，去考察一下的话，顶多只会耽误你半天的个人时间。这样，胡经理，如果这次你能帮我分析搞定这个客户，首笔订单的提成我分你一半！"黄坚见胡军有意推脱，急忙做出这样的允诺。

听了黄坚的话，胡军的态度瞬间缓和了下来，笑着说："黄经理，咱们部门之间应该互帮互助，说钱不就见外了吗？你说吧，让我怎么帮你！"

就这样，胡军利用周六的时间跟黄坚一起去客户那里考察了一番，回到公司以后积极在主管面前分析利弊，帮助黄坚顺利地

第八章 晓之以理，轻松说服对方

拿下了这个大单子。

黄坚正是在寻求胡军帮助的时候，懂得跟他"分一杯羹"，才能顺利地说服胡军帮助自己。

徐洪是一个吝啬的商人，有一次，他想找自己的好朋友大牛借钱开一个家具店。

一进门他就说："大哥，兄弟急需5万块钱，我知道咱俩是从小玩到大的好哥们，你一定得帮帮我！"

大牛听出了徐洪的意思，故意话里有话地说道："徐老弟，你也知道这几年我日子过得紧巴巴，我还想找你借点钱干点小买卖呢！"

一听大牛说这话，徐洪接着说："现在生意不好做呀，你把这钱借给我，我最多三个月就还给你！"

大牛听了徐洪的回答直接来了一句："没有，一分钱也没有！"

就这样，徐洪碰了一鼻子灰走了。

徐洪走后，大牛的老婆问大牛："家里不是有5万块钱在那儿放着吗？你还说这钱放着也是放着，何不借给徐洪？"

"借给他，我凭什么借给他？这几年谁不知道他徐洪混得不错，就连这次我也知道他是拿钱想做什么生意！我明里暗里几次都表示过想跟他合伙做生意，哪怕是不合伙，给我点利息也行啊。可是你看他像有这个意思吗？凭什么就得他吃肉我看着，甚至是连喝汤都没有我的份！我看他这回还能不能开起来这个家具店！"

正是由于徐洪总是"吃独食"，不懂得给帮助自己的人一些甜头，才会从大牛那里借不来钱。

俗话说"无利不起早"，虽然达不到"人为财死，鸟为食亡"的程度，但是别人也不愿意做毫无"利益"的冤大头。

聪明人一般会这样做，比如让别人帮助自己找工作，可以巧立名目，说让他梳理关系，提出给对方一些费用；再比如，让一个化妆品店老板介绍一些客户给你，你可以提出把她的一部分化妆品放到自己的美容器材店里面，也给对方打打广告。

因此，在说服别人帮助自己时，仅仅靠个人魅力或者是打感情牌往往会收效甚微。只有懂得给对方一些利益，开出一些很有诱惑力的条件进行交换，才能够获得别人的帮助！

第九章

灵活地救场，打破尴尬的氛围

没话找话，让冷场"热起来"

会说话、懂说话，不做冷场王，不是要你圆滑世故、见风使舵，而是让你以一种诚恳、设身处地、换位思考的方式待人。会说话是一种能力，而且是一种重要的能力。然而，很多人有可能永远也无法变得能言善辩，反而是一出场便自带"冰冻"装置，与人交谈不到三秒便"冷"到不可收拾。

很多人都不知道要跟人交谈时该如何开口，尤其是当谈话的对象是陌生人，或是不怎么熟悉的人，或是沉默寡言的人时，谈话就很容易陷入冷场，气氛也可能变僵。

例如，当你想去要求某人办事时，如果一下子就单刀直入地说："请问××在吗？我要他帮我去做件事。"这样不但会显得硬邦邦，而且可能会使对方产生心理上的距离，对方就不一定会如你所愿，帮你办事。

最好的方法是在聊聊天气、当天的新闻、个人兴趣爱好之类的话题之后再切入主题。这一点可以向一些主持人学习，他们在任何场合都能想办法使气氛活跃起来。

例如，在参加宴会时，几个不认识的人坐在一起，气氛难免会有点尴尬，如果有人能主动打开话匣子，不仅能让气氛活跃，还能让宴会有趣许多，而且，能拉近彼此之间的距离，说不定还能谈成一笔生意。有很多推销员就是利用这种宴会结交朋友和促成交易的。

用来打开交谈之门的话题可以说是数不胜数。天气永远是打开交谈之门不可或缺和绝对安全的话题,尤其是在你对交谈对象毫不了解的情况下,如"这段时间为什么老是下雨""天气总这样热,真让人受不了"等。

小孩和动物也是很好的素材,因为绝大多数人都是喜欢小孩和动物的。一旦你得知你面前的这个人有小孩或者养了宠物,你便可以用小孩或宠物的话题跟他极为轻松愉快地交谈起来。此外,中国人的"传统话题"也可以派上用场,比如:"您的老家在哪里?""您贵姓?"这类问话基本上不会让人觉得失礼。

当然,最好的打开话题的方法还是谈论对方熟悉的东西,因此需要事先了解对方的职业、地位、人品,并在某种程度上做一下调查,如此,即使是初次见面,也能够配合对方的话题发挥。

如果你有机会到某人的家中或办公室,室内的一些陈设可能会使主人津津乐道。很多人会在桌子上摆放照片,照片上显示的背景便为我们提供了打开话匣子的素材,我们可以询问主人外出旅行的经历。对于墙上的挂画,我们可以向主人表示对这些画的兴趣。

和对方聊一些私事,是和陌生人拉近距离的一个很好的方法。因为每个人在告诉别人关于自己的事时,就等于在向对方敞开心扉。例如:"我喜欢去钓鱼,您有什么爱好呢?"

像这样率先向对方"表白"自己的情况,对方也会乐于谈谈自己的情况。如果对自己的事一概不谈,只一味地刺探对方,

"你家住哪里？假日都做些什么？有几个小孩？"这会让人感觉像在被警察审讯一样，进而对你产生排斥心理，自然懒得和你说话，当然也就无法继续谈话。

如果谈话双方拥有共同的兴趣，话题就可以在这种兴趣上展开。例如，如果知道对方对钓鱼也有兴趣，则不妨向对方请教："你经常去哪里钓鱼？""哪种鱼饵是最有效的？"

人们在谈到自己的经验时，一定会满面春风。因此，对于这类问题，对方一般会很乐意告诉你，你也可以趁机与对方"套近乎"，拉近彼此之间的距离，为接下来的说服工作做铺垫。

不可否认，在生活和工作中，我们都喜欢那种能在任何场合谈笑风生、不冷场的人，这并不是歧视不懂说话之道的人，而是一种极为正常的现象。要想不变成一个不受人欢迎的"冷场王"，那就要记住：多增加知识，多去理解别人，多丰盈自己的内心，如果真的感觉自己在表达上有不足之处，那就多微笑、少说话，这也是一种有修养的表现。

另外，在选择话题时还要注意以下两点：

第一，话题内容要有可信度。如果将电视、报纸上的情报"挪为私用"，应该正确地记住日期、场所、名称、数量、前后关系等要素，以便增加内容的可靠性。如果是道听途说的内容，一定要亲自翻阅当时的报纸来验证，绝对不可口说无凭。

第二，话题内容要有益。听众最有兴趣的就是"对自己有用的情报"。凡是有关新技术、新技法、新产品的说明，与赚钱有关的内容，特别的经验、技术指导、人生警示之类的话题都属于这类"有益的情报"。

在谈话过程中，遇到冷场的情况，若不能主动寻找话题，则很容易造成尴尬的场面。特别是不太熟悉的男女待在一起时，若没有人主动攀谈，寻找话题，冷场的概率会非常大。聪明的谈话者，会率先抛出话题，打破僵局，化解尴尬。事实上，主动地没话找话说，会使人感受到你的热情。而且，在某种程度上，没话找话说，更是一种有礼貌的表现。毕竟，冷落他人是很失礼的行为。

巧妙转移视线的"流星战术"

现场的气氛变得紧张，容易导致争执和僵局的出现，这不利于交流。当你发现气氛趋于紧张的时候，就要注意了。若能采取一些恰当的手段，便能够缓和气氛，打破僵局，推动交谈继续进行下去。

有一种"流星战术"，自古以来一直为人们所运用，可以达到缓和气氛、打破僵局的目的。何谓"流星战术"？其实就是转换话题、转移视线，以缓和气氛、化解尴尬。为什么叫作"流星战术"呢？这是因为人们在转移别人的注意力时，经常会突然手指天空，高声大叫："啊！你看，那是流星呀！"

这么一说，你应该就明白了，事实上，你也许会经常使用这一招。尤其是在遇到不太妙的状况时，通过话题的转换，引导他人转移视线，从而化解尴尬。

有位母亲带着三岁的孩子去逛百货商场，忽然，孩子叫嚷了起来。原来孩子看中了一辆玩具车，非要母亲买下来不可。母亲正被纠缠得无可奈何，忽然灵机一动，说道："嘿！你看那是什么东西，是不是大力士呀？"孩子立刻停止哭闹，朝着母亲所指的方向看去，然后就让母亲乖乖地抱走了。

如果你的孩子哭得无法遏制，你又怕哭声干扰别人，就可以适当运用这种战术，很快就可以将孩子的哭声止住。

当然，这种"流星战术"的对象并不仅仅限于小孩，在一些紧要关头采取这种做法往往也会奏效。

比如，某公司的经理在解决劳资纠纷时，对方来势汹汹要经理当场拍板，经理却不做正面回答，反而从容镇定地说："嘿，你的声音不错嘛！很适合当歌星。"这样一来，紧张的气氛一扫而光，同时也削弱了发言者的气焰，这就是"流星战术"的效果。

前段时间，张老师所在学校的教导主任退休了。张老师是最有希望接任教导主任这一职务的，要知道张老师已经连续五年当选为校级模范教师。

可是，一个多月过去了，没有任何任命迹象。张老师找到校长，暗示了几回，校长仍然没有任何表示。张老师和妻子决定请校长吃饭，顺便探听虚实。

席间，校长顾左右而言他，就是不提选拔教导主任的事情。张老师有些急了，对校长说："校长，李主任退休那么久了，教导处那边总该有个人担着，校长您一人担两职，实在辛苦，这不是长久之计啊！"

校长笑了一笑，说："这个事情啊，校领导一直在开会讨论，

第九章
灵活地救场，打破尴尬的氛围

可咱们学校实在是人才济济，还得从长计议啊！"

"可是，按照资格来说……再说，这选谁还不是校长您说了算嘛！"张老师有些不满校长的话，直接用话挤兑校长。

结果校长一听这话，立马变了脸色，正要开口斥责张老师。

这个时候，张老师的妻子看出气氛不对，当即说道："哎哟，真是的，你们男人怎么吃饭也离不开公事啊！今天咱们就是吃饭，不谈公事啊！赶紧吃菜，老张，快给校长满上。"

张老师明白妻子的暗示，立刻给校长斟酒。接下来，张老师和校长谈论了学校里的一些事情，中间不免有气氛紧张的时候，好在张老师的妻子每次都能在关键时以敬酒为名，避免俩人起争执。

最后，校长表示这顿饭吃得很愉快，并感谢张老师夫妇的款待。

张老师的妻子无疑是一个有智慧的人，她能够敏锐地察觉现场气氛的变化，同时能够适时地采取"流星战术"转换话题，缓和紧张气氛，为双方的沟通创造更加良好的氛围。

在交际场合中，如果某个较为严肃、敏感的问题弄得交谈双方剑拔弩张，甚至阻碍交谈顺利进行，我们也可以使用"流星战术"，暂时回避一下，以达到避开尴尬的目的。

一天，小金正在伏案写报告的时候，同事"洪大炮"却在对面唾沫横飞地说长道短："哎，我说小金啊，你知道吗？咱们部门那个新主任的人选已经定了，就是刚来的那个MBA。嘿，你说说，他凭什么呀？小金，你一个本科生加上四年的工作经验还不敌他一个刚毕业的MBA？这都是什么世道啊？我都替你不值啊!"

然而小金没有表现出丝毫惊讶或激动,连头也没有抬一下,只是漫不经心地说道:"是吗?那我得先谢谢你了,给我提了个醒,老洪,你是一个仗义的人。哎,看来我还得继续努力工作呀,让人家后来居上,我的老脸往哪儿搁呀?你说是不是?"

说到这里,小金突然问:"啊,对了,老洪,昨天我要的那份资料你弄得怎么样了?"

"洪大炮"明显愣了愣,然后才说道:"哦,你等一下,我马上给你找去。"说着,转身出门去了。

在上面这个例子中,小金通过转移话题的方式,轻易便避过了敏感问题的讨论。在现实生活中,我们难免会遇到像"洪大炮"这样的人,他们专门以传播小道消息来拉拢人。和这种人打交道,若你直接堵对方的嘴,对方可能会觉得不高兴,甚至会觉得你瞧不起他。得罪了这样的人,难免就会遇到一些麻烦。

这样的人要是抓到你的小辫子,制造一点不利于你的流言,即便没有大碍,也难免会影响心情。怎么办呢?你可以对他所说的内容假装糊涂,充耳不闻,但表面上做出对他个人很买账的姿态,哄他开心,再把话题岔开就可以了。

我们与人交谈,不慎说到尴尬话题,也会经常使用换话题这一招,比如,"哦,今天我们不谈公事""不说这个了",这种岔开话题的方式其实不太好,因为不够自然,是一种生硬的拒绝方式。如果你打算岔开话题,最好不要使用提醒式的话,否则会让人感觉不太好。尝试使用"流星战术",可以很好地回避尴尬问题。

涉及隐私的问题巧妙回避

对于那些总是喜欢打探别人隐私的人,你可以这样回答他:"对不起,无可奉告。"对于那些总是喜欢主动暴露自己隐私的人,你可以这样回答他:"我并不感兴趣。"

生活中总有一些人特别喜欢打探别人的隐私,打听别人的家底。想必很多人都被别人打探过隐私,例如:"你一个月赚多少钱?""你还是单身吗?""你为什么离婚?""你买保险了吗?""你的父母是做什么的?""你这个伤疤是怎么来的?""好久都没看见你的太太了,你们俩发生什么事了吗?"

每个人都有隐私,没有人愿意将自己的隐私在众人面前曝光。所以,对于那些喜欢打探别人隐私的人,你大可这样回答:"对不起,无可奉告。"对于那些主动暴露自己隐私的人,你若不喜欢的话,也可以回答一句:"我并不感兴趣。"

热衷于打探他人隐私的人总是令人讨厌的。这种随意探问他人隐私的人不仅会因为他的浅薄俗气、缺乏涵养而不受欢迎,还极有可能因此惹祸上身。但是,在特殊情况下,如果迫于形势,不得不提及自己的隐私,但是又想回避这个问题,你不妨按照以下的方法做。

第一,直接把话题还给对方。

当别人有意要探问你的隐私时，你可以反问对方：

"你问这个做什么？"

"你为什么这么问？"

"你为什么想知道？"

"你需要知道这个吗？"

如果对方说"没什么，只是因为好奇"，你可以这样回答："真的？"然后就直接换个话题。很多时候，礼貌是知道何时该假装什么事情都没有发生过。

第二，面对对方的追问，直接转移话题。

当对方问到你一个月赚多少钱时，你可以说："既然你提到薪水了，我也很想知道，你说我们的个人所得税是不是又调整了呀？"

当对方对你"消失"了很久的太太很感兴趣时，你不妨直接说点别的："我太太？这倒让我想起来，我终于见到我们CEO的太太了。"

第三，直接正面拒绝回答。

比如，你可以这样回答：

"你怎么会问我这个？"

"你问的这个问题真的很难回答。"

"噢，很抱歉，我从不谈这个。"

"现在我不太想聊这个话题。"

"我答应别人绝不说出来。"

"这个问题我也不清楚。"

第四，假装没听到，然后敷衍过去。

你可以随便说点别的什么事，或者讲些空洞的话，把对方的追问敷衍过去。例如：

"我觉得你不知道如何把马铃薯里的虫子挑出来。"

"嘿！我中了十元足球彩票。"

"你知道那部电影已经上映了吗？"

"明天××广场有消夏活动，听说有很多演艺界人士前来助阵呢。"

既然大家都不喜欢别人探寻自己的隐私，那么，我们在与别人交谈时，也应避免探问对方的隐私，这本身就是人际交往成功的第一步。因此，在你打算向对方提出某个问题的时候，最好想清楚这个问题是否会涉及对方的个人隐私。如果涉及，就要尽可能地回避，这样对方不仅会乐于接受你，还会因为与你轻松的交谈而对你产生好印象。

摆脱争论的旋涡，需要从容和冷静

生活中，我们到处都可以见到争论的场面，奇妙的是，当事人几乎很少能达成一致观点，常常是你说你的道理，我讲我的逻辑，争得不可开交。如果你碰巧赶上，又与当事人相识，劝他们化解矛盾自然理所应当。但是你的言辞一定要慎之又慎，因为若是"救火"不当，反倒会火上浇油。作为旁观者，你的建议对整件事的发展起着至关重要的作用。所以，请理智地对当事人负责。

也许你会说争端不是由你引起的,你并不是那种大声讲话或惊惶失态的人,但是既然问题来了,总要有人坚守自己的立场。无论争执是怎么开始的,也无论双方因为什么而争吵,总之,在公共场合争吵,对彼此的声誉都会造成不良影响。

中国有句古话:"观棋不语真君子。"讲的是,在观看一盘棋局时,不能指手画脚,扰乱别人的思绪。不只下棋有这样的规矩,其他很多事情也是如此。

特别是在朝九晚五的职场,办公室的同事之间难免会有一些争执,此时,最直接表达你立场的方式就是起身告辞,离开这群人。当然,如果你愿意,也可以说点什么,效果或许会更佳,而且你自己也会好过一些。但若是有一天你实在无法摆脱,使你陷入这样的旋涡,这时候想从容应付一定很难。试想一下,如果有天你也与别人争执不下,想必你当然希望有个人能跳出来阻止。

假如在一场争执中,当事人需要你这个旁观者给出客观的建议,你应该清楚,作为旁观者,你能做的事、可以说的话都是有限的。如果你足够理性,意识到自己正陷于一场争论之中,那么就应该赶快抽身。毕竟你无法改变一个人的想法,而且参与事情的人不是你。所以,想要善意提醒,就请充分尊重当事人思考的权利。

一对恋人吵架了,但是他们仍然深爱着对方。冷战第三天,两个人都撑不住了,都想去找对方认错,但是两个人的好友都劝他们不要去,并给出了同样的解释:如果对方爱你,再等等他就会来找你了。

于是，这对恋人就真的等了起来，尽管内心强烈期盼着对方来找自己。很多年过去了，这样的场景一次次重复，直到他们老去，曾经相爱的两个人还是错过了。

在别人的感情问题面前，我们都不是当事人，不用承担事情的后果，但是作为旁观者，你的建议对整件事的发展起着至关重要的作用。所以，请理智地对当事人负责。

但是，在你决定退出争执之前，仍然要给足对方面子，你这么做的时候，当事人也会觉得好过一些，因此，你可以这么说：

"也许我们可以找个时间再继续讨论。"

"在这件事上，我们已经谈了很多，现在让我帮你们倒杯咖啡，好吗？"

"稍后我们再继续吧，我要先去吃点儿东西。"

"我们已经梳理了一些事，这很好，但是很抱歉，现在我得走开一下。"

当你这么说的时候，或许会发现并没有打消当事人争个输赢的念头，可能这些人天生就喜欢争辩。既然人家这么喜欢抬杠，那就不要干涉别人的事情了。

忘记对方名字，也能巧解尴尬

记住别人的名字很重要，记住对方的名字，并把它叫出来，等于给对方一个很巧妙的赞美。一个最单纯、最明显、最重要的得到别人好感的方法，就是记住别人的姓名，使别人觉得受到尊重。人最重视、最爱听，同时也是最希望他人尊重的就是自己的姓名。若是把他的名字忘了或写错了，在交往中会对你非常不利。

很多人都有过这种体验：面对一个不是特别熟的人，能认出对方的脸，想起对方的职业，但就是想不起对方的名字。那个时候大脑就像是被清空了一样。有时候，即便是曾经一起交谈了很久的人，也会记不起他的名字。

多数人记不住他人的全名，理由不外乎是工作太忙、无暇记这些琐事。我们被介绍与其他人相识时，往往随口寒暄几句，而事实上可能连再见都还没说，我们就已忘了对方姓什么叫什么。所以有时候要记住一个人的全名很难，尤其当它不太好念时，一般人都不愿意去记它，心想：算了，也不一定还能见面。

忘记别人的名字或许是很多人常常遇到的尴尬，你很可能刚刚问过别人的名字，但转眼就忘了。虽然大多数人都会原谅你，不过，你可能还是会觉得面子上挂不住，常常觉得不好意思，生怕对方以为自己看不起人。为此，想要说点什么来补救。

不要怕，有时，你可以不用直接说出对方的名字，巧妙地避免丢脸，比如说："噢，是你啊！""真巧，我们又见面啦！""嗨，你看起来不错哦！""我们都多久没有见面了，你还好吗？"

不过，如果你要想参与很多社交活动或是会议，还是应该记住对方的名字。首先，当我们听到一个名字的时候，一定要多重复几遍，重复得越多，印象也就越深刻。与此同时，务必要专注地看着对方的脸，强化记忆。很多时候，我们忘记对方的名字，

第九章
灵活地救场，打破尴尬的氛围

往往是因为我们的注意力不够集中，或是当我们第一次听到这个名字时走神了。

接下来，试图把你听到的名字和原有记忆中的一些东西联系起来。比如，眼前这位新认识的朋友看起来有点像著名的电视节目主持人××。为了避免遗忘，最好尽快将对方的名字和一些与他们有关的关键词写在记事本里。

最后，向对方索要名片，回家之后，尽快在名片上写下贴切形容这个人的话。你的表述可能有些诡异，不用介意，因为这只有你一个人知道。

当然，最尴尬的状况莫过于那些你真正应当记住的名字却被你忘记了。你认识对方可能已经很久，而且对他们的名字就像对自己的名字一样熟悉，但是在见到那个人的时候你却怎么也想不起来。

这种情况下，如果实在是没办法掩饰你的健忘，你可以这么说：

"你有没有遇到过脑袋里突然一片空白的情况？"

"你知道，我对你的名字就像对自己的名字一样熟！不知道是不是我太紧张了？"

"真是不可思议！我脑子一下子卡壳了。"

"我今天一直都迷迷糊糊的。"

"今天这种状况你一定也发生过吧。"

"我知道你的名字，但是话到嘴边就是讲不出来。"

"我当然知道你是谁，但你要提醒我一下，你姓什么？"

与此同时，你要想到别人也可能忘记了你的名字，这时可不要恼火。当你跟某人打招呼的时候,不妨重新介绍一下自己。说自己名字的时候,也要说得慢一点、清晰一点。

假装没听到,尴尬自然消

在人际交往中,面子是个大问题。遇到令人难堪的时刻,我们总会好心地去说一些解围的话,好让当事者赶紧摆脱尴尬。但这样的热心在某些情况下可能并不适用,甚至可能会让对方转尴尬为恼怒。正如卡耐基所说:"往往有这样的人,他们知道别人出了洋相,就主动地去安慰人家,还自以为别人会非常喜欢这种方式,会用感激的目光看着他。其实,别人最希望的,就是你假装不知道他出了洋相,没有嘲讽,也没有安慰。"

所以,如果发生在别人身上的尴尬情景触及了对方的自尊心,我们假装没发现他陷入尴尬,就是最贴心的解围方法。用你心知肚明的"不知道"帮他遮盖尴尬,不让他丢面子,对他来说就是最大的安慰。

在尴尬的气氛中,假装没听见是个不错的选择。假装没听见是对别人说出的引发尴尬的话装作没听到或没听清楚,用另外的话题含混带过,也可以说这是一种避实就虚的处理方式。

一位实习老师第一次上讲台讲课,刚在黑板上写下几个字,突然有学生叫起来:"实习老师的字真好看,比我们李老师的字好看多了!"

第九章
灵活地救场，打破尴尬的氛围

真是语惊四座，幼稚的学生哪能想到，坐在最后一排旁听的李老师该是多么尴尬！对这位实习老师来说，初上岗位就碰到这般让人难堪的场面，的确令人头疼。不过，这位实习老师灵机一动，装作没有听到，继续写了几个字，头也不回地说："不安安静静地看课文，是谁在下边大声喧哗？"

此语一出，后座的李老师顿时轻松多了，尴尬局面也随之消除。

这位实习老师巧妙地运用了假装没听见的技巧，避开"称赞"这一实体，婉转地告之李老师"我根本没有听到"，同时借攻击"喧闹"回应了那位学生的称赞，避免了他误认为老师没有听见而再称赞几句造成更尴尬局面的出现。我们不能不为这位实习老师的高情商做法点赞！

当看到别人陷入尴尬而自己又没有好的解围方法的时候，假装不知道，不去戳破那一层窗户纸，不失为一种妥当的处理方法。

为参加朋友举办的一次隆重派对，小落第一次穿上了高跟鞋和超短裙，还化了比较浓的妆。朋友们见到她这样的打扮，一片惊呼，她自然而然地成了聚会的焦点。派对上有一项活动是蹦迪，高跟鞋和超短裙肯定是不适合蹦迪的，何况小落还是第一回穿呢。开始她不愿意下舞池，后来在朋友们的劝说之下勉强蹦了一会儿。谁知却出了问题，小落的一个鞋跟折断了，短裙也不小心撑裂了，她只好装作没事一样，一瘸一拐地回到了座位上。

一曲终了，大家都下场来，小亮走过来坐到了小落对面。小落十分尴尬，生怕被他发现了，赶忙说脚扭了，有点不舒服，所以早早下来坐会儿。小亮并不看她的"伤势",只是叫了两杯饮料,说:"你平时看起来就文文弱弱的,一定要小心啊。这种剧烈运动连我都浑身湿透了,你肯定更累吧。以后多锻炼锻炼,再穿上今天这么漂亮的衣服,那效果肯定超棒!"

两个人聊了半天,小亮始终没有再提起她的"伤"。其实,他早就看到是怎么回事了,为了不让小落太尴尬,故意装作不知道。而他这一"知而不言"的举动确实让小落长长地舒了一口气。

小亮就是巧妙运用了"佯装不知"的技巧,避免了尴尬。

在社交场合,许多人遇到意外状况之后,即使假装不在意,其实心里面还是会有个疙瘩。所以,有时候当别人遭遇尴尬,你的安慰可能只会让对方感觉更没有面子。这时,故作不知或者说一句痴话,让当事人以为别人没发现他正处在尴尬之中,释怀内心纠结不安的情绪才是最好的方法。